ISMAELILLO

JOSÉ MARTÍ.

ISMAELILLO

Nueba York
IMPRENTA DE THOMPSON Y MOREAU
51 Y 53 MAIDEN LANE
MDCCCLXXXII

Title page of the original edition of *Ismaelillo*,
first published in 1882 in New York.

ISMAELILLO

José Martí

With a critical introduction, notes
and an English translation by

Tyler Fisher

Magdalen College, University of Oxford

Foreword by
Virgil Suárez
Florida State University

San Antonio, Texas
2007

Ismaelillo © 2007 by Wings Press
Ismaelillo was first published in Spanish by Thompson
and Moreau in New York in 1882.
The current Wings Press edition, edited and translated by
Tyler Fisher, is the first complete translation of this work
as well as the first bilingual edition. Foreword translation into
Spanish by Dr. Amalia Mondríguez.

Cover illustration: Zincograph of José Martí with his son,
José Francisco Martí Zayas Bazán. New York City, 1880.

First Edition

ISBN-10: 0-916727-42-4
ISBN-13: 978-0-916727-42-0

Wings Press
627 E. Guenther
San Antonio, Texas 78210
Phone/fax: (210) 271-7805
On-line catalogue and ordering: www.wingspress.com

All Wings Press titles are distributed to the trade by
Independent Publishers Group
www.ipgbook.com

Library of Congress Cataloging-in-Publication Data:

Martí, José, 1853-1895.
  [Ismaelillo. English & Spanish]
  Ismaelillo / José Martí ; in the original Spanish and with a
translation into English by Tyler Fisher.
      p. cm.
  Includes bibliographical references.
  ISBN 978-0-916727-42-0 (alk. paper)
  I. Fisher, Tyler. II. Title.
PQ7389.M2I813 2007
861'.5--dc22   2007001733

Contents

Ismaelillo

A Note on the Text

The present edition of *Ismaelillo* reproduces the *editio princeps* of 1882. Printers' errors and other textual irregularities have been emended with reference to Martí's manuscripts. Spelling and accentuation have been modernized, but the punctuation of the original is here preserved to reflect Martí's own usage. The 1882 edition, in this respect, often coincides with the manuscripts. Other peculiarities, such as the inconsistent use of inverted exlamation points or question marks, are due to conventions of the period. This edition retains them as being a component of Martí's poetic expression.

Criterio de esta edición

La presente edición de *Ismaelillo* reproduce íntegramente la edición príncipe de 1882. El texto es el resultado de la comparación entre la primera edición y los manuscritos autógrafos. Se han enmendado las evidentes erratas y deturpaciones tipográficas, y se han modernizado la ortografía y la acentuación, pero se conserva la puntuación del texto original por considerarse un rasgo intencional por parte de Martí, ya que muchas veces es idéntica a la encontrada en los manuscritos. Otras peculiaridades, como el ocasional uso de signos de exclamación o de interrogación sólo al final de la frase, se deben a convenciones de la época y aquí se respetan por ser un componente de la expresión poética.

Foreword

The work of José Martí has always loomed large in my life. I remember the Havana of my childhood, circa 1962-1970. My paternal grandmother, Isabel, recited Martí's poems to me after my noon bath and lunch – often, after a nap – poems I still remember from *Ismaelillo* . . . "Príncipe enano" (Tiny Prince), "Mi reyecillo" (My Little King), and certainly "Musa traviesa" (Mischievous Muse), and so many others not from *Ismaelillo.* She recited the poetry on the front porch in the shade of the plantain fronds of the trees my father had planted as a young man . . . sweet memories of youth. I was but six or seven and I still remember my grandmother's voice, the vibrant pitch, the sonorous rolling of her tongue. My grandmother had been a middle school teacher in Las Villas where my father had met my mother in my grandmother's class. More recently, I discovered that this same grandmother had lived for a couple of years in Manhattan where she'd come with her engineer father – who'd brought the family to New York because he was working on one of the bridges being built there around the turn of the century.

José Martí figures directly in all Cuban life, not only on the island, but off the island, in exile, and outside of politics, though Martí has suffered co-option by both sides over the last fifty years of the Castro regime. But we are talking literature here. We are talking Poetry, which will outlive all politics. . . . Martí, along with his poetry, served as a role model for me, as he did for countless other Cubans. As a boy, he provided adventure and escape through all his travels, through his fierce courage.

Re-reading Martí's work I found solace in a life lived in exile.

Martí's work remains important to me, and to all Cubans both on and off the island; his poetry and his freedom-fighting work live on and will continue to do so . . . which brings me to the fabulous edition you hold in your hands. Dear reader, this is a deep, well-done, and thought-provoking new translation. Tyler Fisher, who is totally right and in tune with Martí's language, provides us here with a superb translation of José Martí's poems that are still as fresh-sounding and gorgeous as the day Martí wrote them.

This is a double-whammy of a book because not only does Mr. Fisher give us his excellent translation (and well-tuned ear), but also provides an incandescent and almost-exhaustive introduction in his "The Text and Its Context." Such a historical and critical document seldom accompanies a translation, but here both the original texts, the translation, and the introduction offer the reader a trifecta of excellence. This is clearly, as far as I know, the best translation and editon of *Ismaelillo* to date, and so you will benefit from owning a copy, from making it a part of your literary collection.

For me, I can simply say, that it's reopened that door to my past, to my childhood in Havana, to the voice of those people who are no longer living but who are still alive in my memory, and, of course, a direct line to the work – in English – of one of my favorite poets . . . José Martí, whose seminal work (including *Ismaelillo*) will withstand the test of time, history, politics . . . whose work elicits a deeply rooted love not only for the Pearl of the Antilles (as Cuba was always called by the adults of my childhood) but for the entire hemisphere.

Dear reader, the text and poems you are about to experience (if it is the first time for you, you are in for a great literary pleasure) or re-experience will truly enhance your life as a reader and lover of poetry. With a tip of my hat to this great new translation, I say read and enjoy.

Virgil Suárez
Poet and author

Prólogo

La obra de José Martí siempre se ha destacado mucho en mi vida. Recuerdo la Habana de mi niñez de 1962 a 1970. Mi abuela paterna, Isabel, me recitaba los poemas de Martí a mediodía – después de mi baño y almuerzo – y a menudo después de la siesta; poemas que aún recuerdo de *Ismaelillo* . . . "Príncipe enano," "Mi reyecillo," "Musa traviesa" y muchos otros más que no son de *Ismaelillo*. Ella recitaba la poesía frente al portal de la casa, a la sombra de las plantas de plátano que mi padre había sembrado cuando era joven...dulces memorias de mi infancia. A pesar de que yo sólo tenía unos seis o siete años, todavía recuerdo la voz de mi abuela, su tono vibrante, su lengua sonora. Mi abuela había sido una maestra de secundaria en Las Villas donde mi padre conoció a mi madre, en la clase de mi abuela. Más recientemente, descubrí que esta misma abuela vivió por un par de años en Manhattan, donde había venido con su padre ingeniero, quien había traído a su familia a Nueva York, porque trabajaba en uno de los puentes que se estaban construyendo allí a finales de siglo.

José Martí figura directamente en toda la vida cubana, no solamente en la isla, sino también fuera de la isla, en el exilio, y fuera de la política. Sin embargo, Martí ha sido usado y mal usado por los dos lados en los últimos cincuenta años del régimen de Castro. Pero aquí estamos hablando de literatura. Hablamos de Poesía, que va a vivir más allá de toda política . . . Martí, junto a su poesía, me sirvió de modelo, como también lo fue para una cantidad incontable de cubanos. Cuando yo era niño, él proveyó aventura y escape a través de todos sus viajes e impetuosa valentía. Al releer la obra de Martí encuentro solaz en una vida vivida en el exilio.

La obra de Martí permanece importante para mí y para todos los cubanos en la isla y fuera de la isla; su poesía y su obra que luchan por lograr la libertad, continúan y continuarán viviendo . . . lo que me lleva a la fabulosa edición que usted sostiene en sus manos. Estimado lector, ésta es una nueva traducción que es profunda, bien lograda y que induce a pensar. Tyler Fisher está completamente sintonizado con el lenguaje de Martí. Nos ofrece una traducción magnífica de los poemas de Martí que todavía suenan frescos y hermosos como cuando Martí los escribió. Este libro tiene doble importancia porque no solamente el señor Fisher nos da su excelente traducción (y sus oídos bien afinados), sino que también provee una incandescente y casi exhaustiva introducción en "El texto y su contexto." Tal documento histórico y crítico rara vez acompaña una traducción; pero aquí tanto los textos originales, la traducción y la introducción ofrecen al lector una trifecta de excelencia. Ésta es indudablemente, hasta donde yo sepa, la mejor traducción y edición de *Ismaelillo* hasta la fecha; y usted se beneficiará de tener su propia copia, de hacerla parte de su colección literaria.

De mí puedo decir simplemente, que ha reabierto la puerta de mi pasado, de mi niñez en la Habana, a la voz de aquellas personas que ya no viven, pero que siguen vivas en mi memoria y, por supuesto, una línea directa de la obra – en inglés – de uno de mis poetas favoritos . . . José Martí, cuya obra seminal (incluyendo *Ismaelillo*) pasará la prueba del tiempo, la historia, la política...cuya obra despierta un profundo amor enraizado no solamente por la Perla de las Antillas (como Cuba fue siempre llamada por los adultos de mi infancia), sino también por todo el hemisferio.

Estimado lector, el texto y los poemas que está a punto de leer (si es su primera experiencia, está por iniciar un gran placer literario) o de revivir, verdaderamente realzarán su vida como lector y amante de la poesía. Me quito el sombrero ante esta nueva y gran traducción. Yo digo: lea y disfrute.

Virgil Suárez
Poeta y autor

The Text and Its Context

Tyler Fisher

In 1882, with the encouragement of friends and fellow poets, José Martí agreed to publish a book of poetry dedicated to his three-year-old son. *Ismaelillo*, the little collection of fifteen poems printed in New York City by Thompson and Moreau, became Martí's first book of poetry. The publication of *Ismaelillo* marks a chronological midpoint in Martí's literary career; yet, as a letter from Martí to his literary executor Gonzalo de Quesada y Aróstegui indicated in 1895, the poet himself saw the work as an inaugural text, a watershed dividing his sincere, valuable poetry from his previous attempts. In the letter, Martí delineates his poetry as either "before" or "after" *Ismaelillo*: "Do not publish any of my verses from before *Ismaelillo*; none of them is worth a jot. Those that came afterward, finally, are singular and sincere" (qtd. in Armas 55-56).[1]

To borrow a pithy phrase from Eliana Rivero, the poetry of *Ismaelillo* represents "an intimate parenthesis within the struggle" (37).[2] Martí composed the fifteen poems of *Ismaelillo* in the midst of dual political and domestic crises: a second exile from Cuba due to his involvement in the Guerra Chiquita, and separation from his wife and infant son. Martí was well acquainted with exile, having been first deported to Spain when he was 18 years old; but the rapid dissolution of his family after several tumultuous years left Martí shaken and heartsick – "daunted by all,"[3] as he describes himself in the dedication of *Ismaelillo*.

In December of 1877, Martí had married Carmen Zayas Bazán in Mexico City. Under the short-lived

Peace of Zanjón in 1878, the couple had returned to their shared homeland, settling in Havana. In the same year, their first and only son José Francisco was born. Before José Francisco was a year old, the Guerra Chiquita for Cuban independence erupted and Martí was again exiled to Spain in September 1879 for his involvement in the insurrection. Carmen remained in Cuba with their infant son. Later, Martí quietly abandoned Spain and arrived in New York City in 1880. After Martí had established himself in Manhattan, Carmen and José Francisco left Cuba to join him, but the reunion lasted only eight months. Despite Carmen's pleas that her husband give up his revolutionary activities, Martí worked feverishly for the cause of Cuban independence, assuming the interim presidency of the *Comité Revolucionario Cubano de Nueva York* in March 1880. Carmen grew weary of the northern cold and of her husband's all-consuming political interests. Finally, taking young José Francisco with her, Carmen returned to Cuba in October 1880. Years of painful absence followed. Martí and his wife reunited twice in later years, but each time their brief reconciliation ended in separation (Cruz 30-31; Toledo Sande 118-22; Mañach, *Apóstol* 136).

Martí, too, left New York for a time in 1881. Marked as a dangerous insurrectionist, he was unable to return to Cuba. Instead, he moved to Caracas, Venezuela, where he penned most of the verses of *Ismaelillo*.[4] His seven months in Caracas, a time of intense literary activity for Martí, ended abruptly. A eulogy Martí published in his *Revista Venezolana* exalted an enemy of the dictatorial Venezuelan president Antonio Gúzman Blanco, and the president ordered Martí's immediate departure from the country. Martí again took refuge in New York City where, nine months later, he published

Ismaelillo (Toledo Sande 122-23; Alborch Bataller 46-109).

Like the image Martí repeatedly employs of a cup overflowing with frothing liquid, *Ismaelillo* brims with meaning on multiple levels, beginning with its clearly allegorical title. Numerous critics have explored the title's complicated allusions. The title, a Spanish diminutive form of the name "Ishmael," functions primarily as a biblical allusion. The Ishmael of Genesis is the son of Hagar, an Egyptian concubine of the Hebrew patriarch Abraham. Ishmael, in turn, becomes the patriarch of the Arabian tribes – namely, the Ishmaelites. Although Ishmael is Abraham's firstborn son, he is expelled from the family after Abraham has a second son, Isaac, by his wife Sarah. Fleeing to the wilderness, Ishmael and his mother receive angelic protection, and the young man begins to fulfill the prophecy made at his birth, that he will be "a wild man" whose "hand will be against every man, and every man's hand against him."[5]

Martí, the exiled poet, the poet excluded from his "inheritance" and attended by the angelic muse his poetry describes, could justifiably associate himself with the biblical Ishmael. By adding the Spanish suffix *-illo*, Martí at once creates a diminutive and a patronymic form of *Ismael*. The resulting epithet for his son can be understood in relation to size (that is, Martí is Ishmael, and his son is a smaller version of the same) or in relation to paternity (that is, Martí's son is the son of Ishmael). Martí's poetry plays on this relationship throughout *Ismaelillo*, at times reversing the roles of father and son. The figure of the son in *Ismaelillo* is predominantly the provider, guide, and protector of the father. "I am son of my son! / He remakes me!" the poet-father writes in "Musa traviesa."[6] In this poem, the son, envisioned as a winged devil-angel, is the renovator who both nourishes and inspires the father. In the lines that immediately follow, however, the poet assumes a parental stance based on his accumulated years and instructs his son in preparation for life.

As Raimundo Lazo notes in his 1987 prologue to *Ismaelillo*, the idea of Ishmael's enslaved mother Hagar concisely relates Martí's vision of his homeland enslaved under the Spanish colonial empire (xvii). Other critics stretch this analogy further, identifying Martí with the exiled patriarch Ishmael, colonial Cuba with the concubine Hagar, and Spain with Abraham's legitimate wife Sarah (Cruz 33-34). The biblical figure of an exiled Ishmael is the recipient of divine succor and divine promise for his descendents. According to Genesis, his name in Hebrew means "God will hear."[7] Therefore, *Ismaelillo*, as a patronymic for a succeeding generation, can also signify the future Cuban nation that would realize the promise, the faith in a better future that Martí maintains from *Ismaelillo*'s dedicatory preface.

The faith that Martí asserts in the opening dedication of *Ismaelillo* takes on an even more complex significance if one considers the book's title as an allusion to the Ishmael of Islamic tradition. Whereas the biblical account tells of Abraham offering Isaac as a sacrifice to fulfill a divine commandmant, the Qur'an replaces Isaac with Ishmael in a description of the same circumstances. According to the Qur'an, Abraham proves his faith by his willingness to sacrifice his son; the boy is spared and Abraham receives angelic blessings.[8] Similarly, Martí sacrifices his son and family for his devotion to Cuban independence. Martí's choice between his family and the revolutionary cause costs him the presence of his son, yet Martí assures his son in the dedication: "I have faith in human improvement, in future life, in the utility of virtue, and in you."[9]

On yet another historical and allegorical level, *Ismaelillo* reinforces the connection between Martí and the Ishmaelites with its allusions to Arabian culture, most notably in the poem "Musa traviesa." In *Ismaelillo*, Martí seems deliberately to employ Spanish words of Arabic or Middle Eastern origin: *almohada, jinete, alfombra, taza, diván, carcax, otomán, nácar,* among others; and he uses such words particularly in reference to his son. Through these poetic allusions, the historical, territorial conflicts between Roman Catholic Spain and the Arab world resonate with Martí's confrontation with Spanish imperialism. Like the Islamic Moors expelled from Spain, Martí undergoes expulsion from Cuba. Martí's son, meanwhile, exists in a state of flux between homeland and expatriation; perpetually in his father's memory, his traces gild the exiled poet's imagination like Moorish remnants in Spain.

Extrabiblical sources for *Ismaelillo*'s title include Sir Edward Bulwer Lytton's *Ishmael: An Oriental Poem* and Herman Melville's *Moby Dick*. In the notes that accompany his epic poem, Lytton summarizes the history of a Persian Ishmael, a deported prince who raises an army and returns to his homeland to reclaim his father's throne. The similarities between Lytton's account and the events of Martí's life are striking (Rivero 38). As an admirer of Herman Melville, Martí may have also drawn the name of his book from Melville's first-person narrator in *Moby Dick*. Ishmael, the crewman of the *Pequod*, is a restless sea-wanderer as Martí portrays himself in poems like "Sueño despierto" and "Amor errante." *Moby Dick*'s Ishmael is the sole survivor of nature's monsters and his captain's mad quest for vengeance. The epic narrative of Ishmael the enduring sailor is reminiscent of the storm of personified vices in Martí's "Tábanos fieros" that leaves only the poet-narrator calling to his son.

Emulating American literary giants like Melville, Whitman, Poe, and Emerson along with French symbolist poets like Verlaine and Baudelaire, Martí produced poetry that straddles the traditions of Romanticism and Hispanic American *Modernismo*. Critics have traditionally hailed *Ismaelillo* as a precursor or fountainhead of the *modernista* tradition, the first literary school to originate in Hispanic America. Enrico Santí, however, argues that Martí's little collection of fifteen poems was not sufficiently distributed to have been truly influential in its time.[10] In retrospect, literary historians can appreciate the innovative elements of *Ismaelillo*, though the work recalls more of the popular Spanish tradition rather than heralding a new poetics (21).

It is precisely in its renovation of Spanish peninsular literary traditions that *Ismaelillo* is most innovative. Martí, like other authors of his era, questions the capacity of the Spanish language to capture fully the experiences of the modern poetic self in a rapidly changing world, to express adequately feelings of alienation in the face of cold materialism and prevailing nineteenth-century pragmatism. Stylistically Martí compensates for what he sees as the limitations of contemporary Spanish by drawing upon medieval conventions and Golden Age aesthetics. In Martí's *ars poetica*, a copious prologue to Juan Antonio Pérez Bonalde's *El poema del Niágara* which Martí penned in the same year as *Ismaelillo*'s publication, he proclaims: "Now may the brave and good lancer enter, the cavalier of human freedom, which is a high order of chivalry, he who comes directly . . . for the epic poetry of our own age" (qtd. in Alborch Bataller 112).[11] This echo of the imagery Martí had already employed in "Musa traviesa," that of a metaphorical cavalier arising from ancient tomes, elucidates Martí's affinity for an infusion of the obsolescent in his poetry. He draws upon elements of late-medieval morality plays, as incorporated into "Tábanos fieros"; the classical dualism of a conflicting body and soul, corporeal and empyrean, as expressed in "Tórtola blanca"; and a lexical panoply, borrowed from the medieval romance and the sixteenth-century romances of chivalry, which includes: *pavés, coraza, dagas, amenazantes astas, espada de plata, caja de seda, mandoblar, estandartes, flámulas, caballero, vasallo, cascos plumados,* and *fúlgidos penachos.*

Like his allusions to the Semitic patriarchs, Martí's incorporation of vocabulary and motifs from the early modern novels of chivalry underscores his idealized vision of a heroic, larger-than-life son. The Spanish novels (or "romances") of chivalry reached the peak of their popularity in the mid-sixteenth century, following on the immense success of *Amadís de Gaula* (1508). Amadís, the eponymous fictional knight, accomplishes a series of fantastic feats in the style of King Arthur. The novel recounting his adventures spawned a string of sequels relating the exploits of Amadís's son Esplandián and of Esplandián's son in turn. Imitations of the celebrated Amadís cycle abounded. To keep the reading public eager for further installments, novels about valiant, knightly fathers gave way to novels featuring their even more valiant sons. The sons, grandsons, and great grandsons of Amadís and his imitators outdid their sires' exploits with each successive novel until doing so became a hallmark of the genre. *Ismaelillo* plays on this tradition in its portrayal of the all-vanquishing son in poems such as "Hijo del alma," "Tábanos fieros," and "Rosilla nueva."

At the dawn of the Romantic Period, William Wordsworth wrote his celebrated and enigmatic lines in praise of experiencing nature as only a wondering child can. "The Child is father of the Man," his poem on rainbows declares (445). In a personal restatement of Wordsworth's verse at the twilight of Romanticism, Martí writes in *Ismaelillo*, "I am son of my son! / He remakes me!"[12] Although writers ranging from Blake and Byron to Longfellow and Rousseau had already exploited the figure of the child in their verse, it was not until the development of Hispanic American *Modernismo* that the child became a centerpiece of Hispanic poetry (Zdenek 91; Morales, *La poética* 512). Following *Ismaelillo*, authors of the *modernista* school, including José Asunción Silva in "Infancia" and Manuel Gutiérrez Nájera in *Cuentos frágiles*, took up the theme of childhood as a means of capturing a sincere and unpolluted perspective.

Rubén Darío, whose style is considered to be most representative of *Modernismo*, writes of Martí's innovative poetry: "Our language never had better colors, caprices, or splendors" (193-94).[13] In *Ismaelillo*, one finds antecedents for nearly all of the principal characteristics of *modernismo* as described in Rafael Lapesa's *Historia de la lengua española*: emphasis on form, the use of capital letters to personify abstractions like Joy and Honor (as seen in "Tábanos fieros"), frequent allusions to pagan antiquity and exotic elements, reintroduction of archaic words and styles, and purposefully vague metaphors (444-5). Martí valued such renovation because he saw it as fundamental for New World poetry. "Poetry cuts off its Zorilla-esque mane and hangs the ruddy vest from the glorious tree," Martí announced in his essay "Nuestra América" (91).[14] Even as early as *Ismaelillo*, Martí was breaking away from the gothic romanticism of Zorilla and purposefully forging a fresh American poetry.

Ismaelillo seems remarkably and poetically prophetic when one considers the circumstances surrounding Martí's death in battle. Departing for the armed insurrection in Cuba, Martí wrote to his son on April 1, 1895: "Son: Tonight I leave for Cuba: I leave without you, when you should be at my side. Upon leaving, I think of you. If I perish on the way, you will receive with this letter the watch chain that your father used in life. Goodbye. Live justly. Your José Martí" (qtd. in Lubián y Arias 60).[15]

José Francisco was seventeen years old and residing in the United States when he received word of his father's death at the Dos Ríos skirmish. Determined to continue his father's efforts, the young man enlisted in a revolutionary expedition to Cuba. He joined the struggle for Cuban independence as a soldier under the command of Calixto García, eventually rising to the rank of Captain of the Liberating Army (Mañach, *Homenaje* 49). According to popular legend, José Francisco was assigned the same horse that his father had ridden at the time of his death and thus became the cavalier of his father's poetic visions, visions imaginatively and lovingly expressed in *Ismaelillo* fourteen years earlier.

The Translation

Although translations of José Martí's essays, letters, and poetry abound, no complete English translation of *Ismaelillo* has previously been published. Of the fifteen poems contained in *Ismaelillo*, eight have been translated and included in English anthologies. On the centenary of its publication, a translation of Martí's loving dedication appeared in Elinor Randall's *José Martí, Major Poems: A Bilingual Edition* along with four of its poems: "Sueño despierto," "Amor errante," "Sobre mi hombro," and "Tábanos fieros." In Deborah Shnookal and Mirta Muñiz's *José Martí Reader: Writings on the Americas* (1999), a translation of "Príncipe enano" accompanies translations of "Tábanos fieros" and the dedication. Most recently, Esther Allen's comprehensive *José Martí: Selected Writings* includes translations of "Sueño despierto," "Brazos fragantes," "Mi reyecillo," and "Hijo del alma," along with the dedication. My foremost aim in translating *Ismaelillo* was to fill the lack of a complete English translation.

Martí, who was himself a translator of both poetry and prose, once noted: "One does not translate well unless, by a marked favor of nature, one has the gift of reproducing in his mind the time period in which the translated author wrote and the intimate life of the author [...]" (qtd. in de la Cuesta 168).[16] Like a convincing actor preparing to portray the role of a historical personage, translators must mentally immerse themselves in the context of the work they are attempting to translate. Detailed knowledge and mental reproduction of a work's context are foundational for veracious, informed translation. Such knowledge is all the more crucial when approaching a piece like *Ismaelillo* that is inextricably connected with the life of its author, as I have attempted to demonstrate in the foregoing introduction. Therefore, my initial task as a translator was to immerse myself in accounts of Martí's life, descriptions of his era, and – arguably of greatest importance – Martí's literary works that precede and follow *Ismaelillo*. Without contextual knowledge, translators risk errors in rendering biographical allusions and other referents. One English translation of "Amor errante," for example, erroneously refers to the angel figure as feminine. The oversight is apparently due to the translator's ignorance of the book's central father-son interaction coupled with the traditionally effemininate portrayal of angels in English culture. For both the reader and translator, contextual knowledge adds a richness of insight, without which the reader flounders in the shallows of understanding, and translation becomes a mechanical exercise of converting words from one language to another.

Literary translations are at once imitative and creative. Walter Benjamin defines the task of the translator in his landmark essay of the same name: "The task of the translator consists in finding that intended effect upon the language into which he is translating which produces in it the echo of the original [...], aiming to give, in its own language, the reverberation of the work in the alien one" (77). When approaching the translation of *Ismaelillo*, I determined a hierarchy of linguistic effects that I desired to echo — poetic values that I deemed essential to the original text and essential to a satisfactory English reading. For me, these intended effects include the following: Martí's meaning, rhythm, and additional phonaesthetic elements such as alliteration, anaphora, and rhyme. Although I list them here in an order of descending priority, that is not to say that the effects are in any way mutually exclusive, circumscribed, or self-subsistent. Rather, they are inherently interdependent in creating the overall effect of the poetry. Stylistic devices like alliteration and anaphora, for example, enhance the meaning of Martí's poetry, as I will demonstrate below. My prioritizing of poetic values simply determined that, when faced with creative choices, I would sooner

preserve what an original line denotes than sacrifice
clarity of meaning by rearranging words for the sake of
rhyme. When faced with a choice, I would sooner main-
tain a rhythmic approximation to the original than
reproduce a cunning alliteration.

Martí valued form in his poetry. "I love form,"
Martí once declared in his notebook. "I venerate litera-
ture as gold where the lovely thought is enclosed, as for
Catholics the body of Christ is enclosed in the chalice"
(qtd. in Ripoll, *Doctrines* 83).[17] Though Spanish poetry
traditionally measures line length by number of syllables
whereas English measures by metric feet, patterns of
meter and line length are important means by which I
reflect Martí's form in my translation of *Ismaelillo*. For
example, Martí employs lines of six syllables each in
"Tórtola blanca." The aesthetic effect, in my judgment, is
a linguistic approximation of a rapid Viennese waltz. The
dactylic, waltz-like form resonates with Martí's descrip-
tion of a decadent, turbulent party. In the translation, I
maintain the six-syllable lines and attempt to capture a
three-quarter waltz time, a "down-beat" followed by two
"up-beats" (to use the musical terms), or one linguistically
stressed syllable followed by two unstressed syllables,
beginning each line with an anacrusis or up-beat. An
excerpt from "Tórtola blanca" followed by my translation
will demonstrate the effect:

> *Fermenta y rebosa*
> *La inquieta palabra;*
> *Estrecha en su cárcel*
> *La vida incendiada,*
> *En risas se rompe*
> *Y en lava y en llamas;*
> *Y lirios se quiebran,*

Y violas se manchan,
Y giran las gentes,
Y ondulan y valsan;

The restless word ferments
And bursts from its borders;
Confined in its prison,
The life once ignited,
Is broken in laughter,
In lava and fire;
And lilies are shattered
And violets tarnished,
And people are whirling
And swaying and waltzing;[18]

The excerpt also demonstrates how I address several of my secondary concerns in echoing the language of the original. For example, I preserve the anaphora of the initial *Y*'s in the original simply by replacing them with *And*'s in order to convey Martí's poetic representation of intensifying, unchecked revolving. The reiterated copulative conjunction is important not only stylistically but also, as critic Joseph Zdenek observes, in its ability to "link the words with the situation [...and to] represent linguistically the movement of the party, to form a continuum of action and rhythm that does not stop" (90).[19] Rhyme – although Martí employs it throughout *Ismaelillo* – is difficult to transfer from Spanish to English without distorting the original's meaning or creating an unintentionally comic effect with corresponding sounds in the translation. With this in mind, I chose to use rhyme only when doing so would not sound forced. In the passage from "Tórtola blanca," I gently achieve a feminine pararhyme or slant rhyme between "laughter" and "shattered," and correspondence between the long *i* of "fire" and "ignited," while not sacrificing the meaning of the original. Moreover, the correspondence of sounds in the original accomplishes more than mere auxiliary acoustic effects; it contributes to Martí's meaning. The revelers "giran," "ondulan," and "valsan." The corresponding terminal sounds reflect the ceaseless and overwhelming motion of the dissolute crowd, the consumptive and repetitious "whirling," "swaying," and "waltzing."

A stanza from "Penachos vívidos" similarly illustrates these techniques:

> *Como inquieto mar joven*
> *Del cauce nuevo henchido*
> *Rebosa, y por las playas*
> *Bulle y muere tranquilo;*

I translate this stanza in the following manner:

> As a restless youthful sea
> From its channel newly-filled
> Overflows, and by the shores
> Seethes and dies there, hushed and stilled;

In this way, I maintain the meaning, preserve the personification of the sea, reflect Martí's meter by employing the catalectic trochee, and reproduce the assonant rhyme of the second and fourth lines. Furthermore, the repetition of the /s/ sounds in the last two lines of the translation evokes the liquid lisp of the restless young sea while approximating the sonorous, bubbling correspondence of *p*'s, *l*'s, *b*'s, and *u*'s in the original Spanish.

Not all of my translations conform so neatly to the original poems as do the above passages. Regarding lines in which I have failed to reflect Martí's preference for form, I must appeal to a statement Martí made in the *Revista Universal*: "Sometimes irregularity is artistic" (qtd. in Ripoll, *Doctrines* 85).[20]

As theorist Peter Newmark observes, "a good translation of a poem is as much a modest introduction to as a recreation of the original" (9). With my annotated English translation of *Ismaelillo*, I hope to call the reader's attention again to the language and contexts of the original, achieving Walter Benjamin's goal of transparency that "allows the pure language, as though reinforced by its own medium, to shine upon the original all the more fully" (80). May my translation transparently convey Martí's outbursts of fatherly love, the nightmarish descriptions, the tender exhortations and cradle songs of *Ismaelillo*.

NOTES

[1] Unless otherwise noted, I have translated all quotations within the text for ease of reading. The original quotations appear as footnotes, as the passage from Martí's letter does here: "Versos míos, no publique ninguno antes del *Ismaelillo*; ninguno vale un ápice. Los de después, al fin, ya son unos y sinceros."

[2] "un paréntesis íntimo en la lucha"

[3] "espantado de todo"

[4] There is disagreement about exactly where and when Martí wrote the fifteen poems of *Ismaelillo*. Most scholars indicate that Martí composed the majority of the poems during his seven months in Venezuela, between January and July 1881 (García Marruz, Gómez-Reinoso, Pérez Delgado, Sardiña, Toledo Sande, Vitier, et al.). However, Enrico Santí notes that although Martí describes *Ismaelillo* as "un librito que escribí en Caracas" [a little book that I wrote in Caracas] in a letter to Diego Jugo Ramírez, December 19, 1881, drafts of several of the poems appear in Martí's notebook of 1880. It seems that Martí had composed verses of *Ismaelillo* – "Sueño despierto" and "Mi caballero" among them – before leaving New York City. Santí suggests that Martí wrote *Ismaelillo* between October 1880 and January 1881. See *Pensar a José Martí: Notas para un centenario* (Boulder: Society of Spanish and Spanish-American Studies, 1996, 49-50). In any case, both periods of Martí's life were characterized by absence of his family, absence from his homeland, and a disconsolate, dreamlike wandering that Martí evokes in poems such as "Sobre mi hombro": "Hijo, en tu busca / Cruzo los mares: / Las olas buenas / A ti me traen" [In search of you / I cross the seas: / My son, the good waves / Take me to you].

[5] Genesis 16.12

⁶ "Hijo soy de mi hijo! / Él me rehace!"

⁷ Genesis 16.11

⁸ For the account of Abraham's sacrifice in the Qur'an, see Surah 37.99-111.

⁹ "Tengo fe en el mejoramiento humano, en la vida futura, en la utilidad de la virtud, y en ti."

¹⁰ Santí does not provide evidence for his claim that *Ismaelillo* was not widely distributed, but the following quotation from a letter Martí wrote to Manuel Mercado in 1882 indicates a relatively limited number of copies as well as delay and suppression of the book's distribution by the author himself. "En mi estante tengo amontonada hace meses toda la edición [del *Ismaelillo*], – porque como la vida no me ha dado hasta ahora ocasión suficiente para mostrar que soy poeta en actos, tengo miedo de que por ir mis versos a ser conocidos antes que mis acciones, vayan las gentes a creer que sólo soy, como tantos otros, poeta en versos" [On my shelf I have had mounted for months now the entire edition [of *Ismaelillo*], – because as life has not given me until now sufficient occasion to show that I am a poet in deed, I am afraid of my verses being known before my actions, afraid that the people will believe that I am only, like so many others, a poet in verses] (qtd. in Morales, *La poética* 435).

¹¹ "¡Entre ahora el bravo, el buen lancero, el ponderoso justador, el caballero de la libertad humana, que es orden magna de caballería, el que se viene derechamente...por la poesía épica de nuestros tiempos."

¹² "Hijo soy de mi hijo! / Él me rehace!" from "Musa traviesa"

¹³ "Nunca la lengua nuestra tuvo mejores tintas, caprichos, y bizarrías."

14 "La poesía se corta la melena zorrillesca y cuelga del árbol glorioso el chaleco colorado." See also the note at the foot of "Tórtola blanca" for how Martí incorporates Zorilla's Don Juan as a devouring figure.

15 "Hijo: Esta noche salgo para Cuba: salgo sin ti, cuando debieras estar a mi lado. Al partir, pienso en ti. Si desaparezco en el camino, recibirás con esta carta la leontina que usó en vida tu padre. Adiós. Sé justo. Tu José Martí"

16 "No traduce bien sino aquel que, por un señalado favor de la naturaleza, tiene el don de reproducir en la mente la época en que el autor traducido escribió y la vida íntima del autor [...]."

17 "Amo la forma. Venero las letras como el oro donde se alberga el pensamiento hermoso, como para los católicos se alberga en el cáliz el cuerpo de Cristo."

18 As much as possible, I have preserved Martí's punctuation, except for when doing so might interfere with the clarity of the English translation.

19 "[...] enlaza las palabras con la situación [...y] representa lingüísticamente el movimiento de la fiesta, de formar un *continuum* de acción, de ritmo que no se para."

20 "A veces es artística la irregularidad."

El texto y su contexto

Tyler Fisher

En 1882, gracias al estímulo de sus amigos los poetas Juan Antonio Pérez Bonalde y Jacinto Gutiérrez Coll, José Martí publicó un libro de poesía dedicada a su hijo de tres años. *Ismaelillo*, la pequeña colección de quince poemas impresa en Nueva York por Thompson y Moreau, se convirtió en el primer poemario de Martí. Cronológicamente la publicación del *Ismaelillo* marca el punto medio de la carrera literaria de Martí. Sin embargo, como Martí expresó en una carta de 1895 a su albacea literario Gonzalo de Quesada y Aróstegui, el poeta mismo vio la obra como un texto inaugural, un límite crítico que separa su mejor y más sincera poesía de sus esfuerzos anteriores. De hecho, Martí dividió su poesía en un "antes" y un "después" del *Ismaelillo*: "Versos míos, no publique ninguno antes del *Ismaelillo*; ninguno vale un ápice. Los de después, al fin, ya son unos y sinceros" (citado en Armas 55-56).

En palabras de Eliana Rivero, la poesía del *Ismaelillo* representa "un paréntesis íntimo en la lucha" (37). Martí escribió los quince poemas del poemario en medio de una doble crisis, política y doméstica: una segunda expatriación de Cuba a causa de sus actividades insurreccionales en la Guerra Chiquita, y la separación de su esposa e hijo. Martí ya conocía bien el exilio por haber sido deportado a España por primera vez cuando tenía 18 años; pero la disolución rápida de su familia tras años tumultuosos, lo dejó desconsolado – "espantado de todo", como se describe a sí mismo en la dedicatoria del *Ismaelillo*.

Martí se había casado con Carmen Zayas Bazán en la ciudad de México en diciembre de 1877. Durante la breve paz que siguió el Pacto del Zanjón en 1878, la pareja había regresado a su propia patria, estableciéndose en La Habana. En el mismo año, nació su único hijo José Francisco. Antes de que José Francisco hubiese cumplido el primer año de vida, estalló la Guerra Chiquita por la independencia cubana y, a causa de sus actividades rebeldes, Martí era deportado otra vez a España en septiembre de 1879. Carmen se quedó en Cuba con el niño. Poco después, Martí abandonó España clandestinamente y llegó a la ciudad de Nueva York en 1880. Después de que Martí se hubiese establecido en Manhattan, Carmen y José Francisco salieron de Cuba para reunirse con él, pero sólo estuvieron juntos ocho meses. A pesar de las súplicas de Carmen para que su esposo dejara las actividades revolucionarias, Martí trabajó de un modo febril por la causa de la independencia cubana; en marzo de 1880 se hizo cargo de la presidencia interina del Comité Revolucionario Cubano de Nueva York. Carmen se cansó del frío del norte y de los intereses ajenos a la vida familiar que consumían a su esposo. Llevándose al pequeño José Francisco, Carmen regresó a Cuba en octubre de 1880. Martí y su esposa se reunieron dos veces más en los años siguientes, pero cada breve reconciliación terminaba en separación (Cruz 30-31; Toledo Sande 118-22; Mañach, *Apóstol* 136).

En 1881 Martí también se ausentó de Nueva York por unos meses. Identificado como insurrecto peligroso, no pudo regresar a Cuba. Se trasladó a Caracas donde compuso la mayoría de los poemas del *Ismaelillo*.[1] Los siete meses de estancia en Caracas, un período de intensa creación literaria para Martí, acabaron bruscamente. Su elogio de un enemigo del dictador venezolano Antonio

Guzmán Blanco, publicado en la *Revista Venezolana,* provocó una petición oficial para que abandonase el país inmediatamente. Martí se refugió de nuevo en Nueva York donde, después de nueve meses, publicó el *Ismaelillo* (Toledo Sande 122-23; Alborch Bataller 46-109).

Como la taza rebosando líquido espumoso, imagen que Martí emplea reiteradamente, el *Ismaelillo* bulle de significación en varios niveles, empezando por un título claramente alegórico. Numerosos críticos han sondeado las complicadas alusiones del mismo. Siendo una forma diminutiva del nombre Ismael, el título funciona primariamente como una alusión bíblica. Como se sabe, el Ismael del Génesis es el hijo de Hagar, la concubina egipcia del patriarca hebreo Abraham. Ismael, por su parte, llega a ser el patriarca de las tribus árabes, los ismaelitas. Aunque era el primogénito de Abraham, Ismael fue expulsado de la familia después de que Abraham tuviera otro hijo con su esposa Sara. Durante el retiro al desierto, Ismael y su madre reciben protección de un ángel, y el joven empieza a cumplir la profecía hecha en su nacimiento, que será "como un asno montés, un hombre cuya mano estará contra todos, y las manos de todos estarán contra él".[2] Martí, el poeta desterrado, el poeta excluido de una herencia en su patria y acompañado por la musa angelical que su poesía describe, tiene sobrados motivos para identificarse con el personaje bíblico. Al añadir el sufijo *-illo,* Martí crea a la vez una forma tanto diminutiva como patronímica del nombre *Ismael.* El epíteto que resulta se puede entender en relación al tamaño (es decir, Martí es Ismael, mientras el hijo es su versión en pequeño), o en relación análoga a la paternidad (el hijo de Martí es el hijo de Ismael). Los poemas juegan con estas dobles relaciones en todo el *Ismaelillo,* muchas veces invirtiendo los papeles de padre e hijo, y aquí la figura del hijo es ante todo la de proveedor, guía, y protector del padre: "Hijo soy de mi hijo! / Él me rehace!" escribe en "Musa traviesa". En este poema, el hijo visto como un diablillo-ángel alado, es el renovador que nutre e inspira a su padre. En los versos siguientes, no obstante, el poeta asume una posición paternal basada en su experiencia de la vida, desde la que intenta instruir al hijo.

Como Raimundo Lazo expone en su prólogo de 1987 al *Ismaelillo*, la idea de la madre esclavizada de Ismael refleja concisamente la visión martiana de su patria esclavizada bajo el imperio colonial español (xvii). Mary Cruz va más allá en la analogía, identificando a Martí con el patriarca exiliado Ismael, la Cuba colonial con la concubina Hagar, y España con Sara, la esposa legítima de Abraham (33-34). Además, el Ismael desterrado es receptor del socorro divino y de una promesa en favor de sus descendientes. Según el Génesis, su nombre en hebreo significa "Dios oirá".[3] Por lo tanto, Ismaelillo como patronímico para las generaciones venideras podría significar también la futura nación cubana que realizará la promesa, la fe en un futuro mejor que Martí mantiene desde la dedicatoria del *Ismaelillo*.

La fe que Martí profesa en la dedicatoria asume una significación aún más compleja, si se considera el título del libro como alusión al Ismael de la tradición musulmana. Mientras que el relato bíblico se refiere al ofrecimiento que Abraham hace de Isaac como sacrificio para cumplir un mandato divino, en el Corán se reemplaza a Isaac por Ismael al narrar esta misma escena. Según el Corán, Abraham demuestra su fe al ofrecer a su hijo como sacrificio; el niño se salva y Abraham recibe bendiciones angelicales.[4] De manera parecida, Martí sacrifica a su hijo y familia a causa de su devoción a la independencia cubana. La elección de Martí, sacrificar a su familia por la causa revolucionaria, le cuesta la presencia del hijo; no obstante, Martí asegura a su hijo en la dedicatoria: "Tengo fe en el mejoramiento humano, en la vida futura, en la utilidad de la virtud, y en ti."

En otro nivel histórico y alegórico, el *Ismaelillo* refuerza la conexión entre Martí y los ismaelitas con las alusiones a la cultura árabe, más visibles en el poema "Musa traviesa". En el libro, parece como si Martí emplease deliberadamente palabras originarias de esta cultura: *almohada, jinete, alfombra, taza, diván, carcax, otomán, nácar,* entre otras; y las emplea en particular con referencia a su hijo. A través de estas alusiones poéticas, el conflicto histórico entre Castilla y el mundo árabe vuelve a resonar en la confrontación de Martí con el colonialismo español. Como los árabes expulsados de España, Martí ha padecido la expulsión de Cuba. El hijo de Martí, mientras tanto, existe en un estado de mudanza continua entre patria y exilio; lo que de él queda en la memoria perpetua del padre dora la imaginación del poeta, así como en España persisten las huellas musulmanas.

Las fuentes extra-bíblicas del título del *Ismaelillo* incluyen el poema épico *Ishmael: An Oriental Poem* de Sir Edward Bulwer Lytton, y la novela *Moby Dick* de Herman Melville. En las notas que acompañan el poema, Lytton narra la historia de un Ismael persa, un príncipe deportado que arma un ejército y regresa a su patria para reclamar el trono de su padre. Las semejanzas entre la narración de Lytton y los acontecimientos en la vida de Martí son extraordinarias (Rivero 38). Es posible, también, que Martí haya derivado el título de su poemario del narrador en primera persona de *Moby Dick*. Ishmael, el marinero del barco *Pequod*, es un inquieto vagabundo de mar, similar a los autorretratos que Martí hace en poemas tales como "Sueño despierto" y "Amor errante". El Ishmael de *Moby Dick* es además el único que sobrevive a los monstruos de la naturaleza, y a la fiera búsqueda de venganza de su capitán. La narrativa alegórica de Ishmael, el marinero, evoca la tempestad de vicios personificados en "Tábanos fieros", que deja al poeta-narrador solo, invocando a su hijo.

De este modo, al emular a gigantes literarios estadounidenses como Melville, Whitman, Poe, y Emerson, junto a los poetas franceses, en particular el romántico tardío Baudelaire y el protosimbolista Verlaine, Martí crea una poesía que se coloca entre el romanticismo y el modernismo hispanoamericano. Tradicionalmente los críticos han aclamado al *Ismaelillo* como una fuente precursora del modernismo, el primer movimiento literario propio de Hispanoamérica. Sin embargo, Enrico Santí afirma incisivamente que el pequeño poemario de Martí no fue distribuido con la suficiente amplitud como para haber llegado a ser influyente en su época.[5] Retrospectivamente los historiadores de la literatura pueden apreciar los elementos innovadores del *Ismaelillo*, aunque la obra parece estar más cerca de la tradición popular española que de un anuncio de una nueva arte poética (21).

Es en su renovación de las tradiciones literarias españolas donde el *Ismaelillo* es sumamente innovador. Martí, como otros autores de su época, dudaba de la capacidad de la lengua española contemporánea para captar plenamente las experiencias del individuo poético en el mundo moderno, un mundo de rápidos cambios y sentimientos de pérdida y aislamiento frente al frío materialismo y el pragmatismo arrollador del siglo XIX. En el estilo del *Ismaelillo*, Martí compensó lo que veía como limitaciones del español contemporáneo, acercándose al lenguaje medieval y a las estéticas del Siglo de Oro. En un copioso prólogo a *El poema del Niágara* de Juan Antonio Pérez Bonalde, que Martí escribió en el mismo año de la publicación del *Ismaelillo*, proclama: "¡Entre ahora el bravo, el buen lancero, el ponderoso justador, el caballero de la libertad humana, que es orden magna de caballería, el que se viene derechamente [...] por la poesía épica de nuestros tiempos" (citado en Alborch Bataller 112). Este eco de la imaginería que ya había usado en "Musa traviesa", la de un caballero metafórico que emerge de entre incunables, muestra la afición de Martí por algunos elementos de los Autos del teatro medieval (tal y como aparecen en "Tábanos fieros"); el dualismo clásico de cuerpo y alma, lo corpóreo y lo empíreo en lucha (como se expresa en "Tórtola blanca"); y la panoplia léxica tomada de los romances medievales, que incluye: *pavés, coraza, dagas, amenazantes astas, espada de plata, caja de seda, mandoblar, estandartes, flámulas, caballero, vasallo, cascos plumados* y *fúlgidos penachos*.

En los albores del romanticismo, William Wordsworth escribió versos célebres y enigmáticos preconizando una experiencia de la naturaleza a la manera en que un niño puede conocerla. "The Child is father of the Man", declara en uno de sus poemas (445). En una renovada declaración personal del verso de Wordsworth, Martí escribió en *Ismaelillo*, "Hijo soy de mi hijo! / Él me rehace!" Pese a que, desde Blake, Byron, Longfellow y Rousseau, algunos autores ya habían explorado la figura del niño en su poesía, ésta no llegó a ser figura central en la poesía en castellano hasta el desarrollo del modernismo hispanoamericano (Zdenek 91; Morales, *La poética* 512). Después del *Ismaelillo*, algunas obras de la escuela modernista, como "Infancia" de José Asunción Silva y

Cuentos frágiles de Manuel Gutiérrez Nájera, adoptaron el tema de la niñez como punto de vista inocente y sincero.

Rubén Darío, el poeta más representativo del modernismo, escribe acerca de la poesía innovadora de Martí: "Nunca la lengua nuestra tuvo mejores tintas, caprichos, y bizarrías" (193-94). En el *Ismaelillo* se encuentran antecedentes de varias de las características del modernismo, descritas por Rafael Lapesa en su *Historia de la lengua española*: énfasis en la forma, uso de letras mayúsculas para personificar abstracciones tales como Gozo y Honra (como se ve en "Tábanos fieros"), alusiones frecuentes a la antigüedad pagana y a elementos exóticos, reintroducción de palabras y estilos arcaicos, y metáforas vagas *ex profeso* (444-5). Martí valoraba estas renovaciones porque las veía como fundamentales para la poesía del Nuevo Mundo. "La poesía se corta la melena zorrillesca y cuelga del árbol glorioso el chaleco colorado", anunció en el ensayo "Nuestra América" (91). Es preciso recordar que Martí estaba reaccionando contra el romanticismo gótico de Zorilla, fraguando conscientemente una nueva poesía americana.

El *Ismaelillo* parece ser una verdadera profecía poética cuando se consideran las circunstancias de la muerte de Martí. Así, ante la inminencia de la insurrección armada en Cuba, Martí le escribió a su hijo el 1 de abril de 1895: "Hijo: Esta noche salgo para Cuba: salgo sin ti, cuando debieras estar a mi lado. Al partir, pienso en ti. Si desaparezco en el camino, recibirás con esta carta la leontina que usó en vida tu padre. Adiós. Sé justo. Tu José Martí" (citado en Lubián y Arias 60).

José Francisco tenía diecisiete años cuando recibió la noticia de la muerte de su padre en la escaramuza de Dos Ríos. Resuelto a continuar los esfuerzos de su padre, el joven se alistó en una expedición revolucionaria para Cuba. Se enroló como soldado y luchó por la independencia cubana bajo el mando del General Calixto García. Éste le asignó el mismo caballo que su padre había montado en el momento de la muerte (Mañach, *Homenaje* 49). De este modo, el hijo llegó a ser el auténtico caballero de las visiones poéticas de su padre, tan cariñosamente expresadas catorce años antes en el *Ismaelillo*.

Tecnicismos de la traducción

Aunque abundan las traducciones de los ensayos, cartas y poesía de Martí, todavía no ha sido publicada ninguna traducción completa del *Ismaelillo* al inglés. De sus quince poemas, ocho han sido vertidos al inglés e incluidos en antologías. En el centenario de su publicación, una traducción de la cariñosa dedicatoria del poeta apareció en *José Martí, Major Poems: A Bilingual Edition* de Elinor Randall, junto a cuatro poemas más: "Sueño despierto", "Amor errante", "Sobre mi hombro", y "Tábanos fieros". En *José Martí Reader: Writings on the Americas* (1999) de Deborah Shnookal y Mirta Muñiz, una traducción de "Príncipe enano" acompaña a las de "Tábanos fieros" y la dedicatoria. Más recientemente, el amplio *José Martí: Selected Writings* incluye las traducciones de "Sueño despierto", Brazos fragantes", "Mi reyecillo", e "Hijo del alma" (junto a la dedicatoria). Mi primer objetivo al traducir el *Ismaelillo* fue suplir la falta de una traducción completa en inglés.

Martí, que era traductor también de prosa y poesía, afirmó una vez: "No traduce bien sino aquel que, por un señalado favor de la naturaleza, tiene el don de reproducir en la mente la época en que el autor traducido escribió y la vida íntima del autor" (citado en de la Cuesta 168).

Como observó Martí, el conocimiento detallado y la reproducción mental del contexto de una obra literaria son fundamentales para alcanzar traducciones más exactas. Tal conocimiento es aún más esencial al tratar de una obra como el *Ismaelillo*, que está profundamente enlazada con el acontecer vital de su autor, como he intentado demostrar en la presente introducción. Por tanto, mi tarea inicial como traductor fue zambullirme en las biografías sobre Martí, en las descripciones de la época, y (quizás lo más importante) en el resto de sus obras literarias. Sin un conocimiento del contexto, el traductor se arriesga a caer en errores al detectar alusiones biográficas, y otras referencias. Existe, por ejemplo, una traducción al inglés de "Amor errante" que equívocamente describe la figura del ángel en términos femeninos; este descuido es debido aparentemente al desconocimiento de la interacción central entre el padre soñador y el hijo empíreo, y a la idea, tradicional en la cultura anglosajona, de considerar a los ángeles como figuras femeninas. Para el lector y el traductor, el conocimiento del contexto añade algo más a las propias posibilidades perceptivas. Por ejemplo, sin saber ni cómo ni cuándo Martí escribió su *Ismaelillo*, ¿cómo podríamos alcanzar plenamente el significado de versos como los siguientes de "Hijo del alma"? "Me hablan de que estás lejos: / ¡Locuras me hablan! / Ellos tienen tu sombra; ¡Yo tengo tu alma!". Desconociendo el contexto, el traductor no puede llegar a una comprensión válida, y el acto de traducir se convierte en un simple ejercicio mecánico de verter palabras de un idioma al otro.

Las traducciones literarias son a la vez imitativas y creativas. En su notable ensayo "The Task of the Translator", Walter Benjamin define así la meta de una buena traducción: "El trabajo del traductor consiste en lograr en la lengua a la que traduce el efecto buscado en el original [...], tratando de dar, en el propio idioma una reverberación de la obra en lengua extranjera" (77).[6] Al considerar la traducción del *Ismaelillo*, determiné una jerarquía de efectos lingüísticos, valores poéticos que juzgué decisivos en el texto original y, consecuentemente, quise que resonasen en inglés. Estos efectos son, en orden de importancia: el significado del original, el ritmo y elementos fónico-lingüísticos tales como la aliteración, la anáfora y la rima. Pese a que aquí he asignado prioridades, esto no quiere decir que los efectos sean independientes unos de otros. Al contrario, en los poemas se encuentran interconectados para crear el efecto total del conjunto. Los recursos estilísticos señalados como la aliteración y la anáfora, por ejemplo, aumentan el nivel de *significación* en la poesía martiana. Con este listado de valores poéticos, mi intención era simplemente determinar que, en caso de disyuntiva, preferiría conservar el sentido de un verso, antes que sacrificar la claridad del significado por ordenar las palabras en función de la rima. Así, en el momento de elegir, preferí mantener una aproximación rítmica al ori-ginal antes que reproducir una aliteración artificiosa.

Martí, como es sabido, estimaba mucho la forma. Declaró en uno de sus cuadernos: "Amo la forma. Venero las letras como el oro donde se alberga el pensamiento hermoso, como para los católicos se alberga en el cáliz el cuerpo de Cristo" (citado en Ripoll, *Doctrines* 83). Aunque tradicionalmente los versos en español se miden por sílabas (mientras que en inglés los versos se miden por pies métricos) los pies prosódicos y metros son importantes para el modo en que he intentado reflejar la forma martiana en mi traducción del *Ismaelillo*. Por ejemplo, Martí emplea versos de seis sílabas en "Tórtola blanca". El efecto estético me sugiere una aproximación lingüística equivalente a un rápido vals vienés. La forma semejante

a un vals da color a la descripción de una orgía deca-
dente y turbulenta. En la traducción mantengo los versos
de seis sílabas e intento captar el compás de tres por
cuatro, o sea, un ritmo dactílico, pero empezando cada
verso en anacrusa. Un fragmento de "Tórtola blanca" al
lado de mi traducción demuestra el efecto:

> Fermenta y rebosa
> La inquieta palabra;
> Estrecha en su cárcel
> La vida incendiada,
> En risas se rompe
> Y en lava y en llamas;
> Y lirios se quiebran,
> Y violas se manchan,
> Y giran las gentes,
> Y ondulan y valsan;

> *The restless word ferments*
> *And bursts from its borders;*
> *Confined in its prison,*
> *The life once ignited,*
> *Is broken in laughter,*
> *In lava and fire;*
> *And lilies are shattered*
> *And violets tarnished,*
> *And people are whirling*
> *And swaying and waltzing;*[7]

El fragmento demuestra además cómo logré
algunos de mis objetivos secundarios al reflejar el lenguaje
del original. Por ejemplo, preservo la anáfora de las /Y/ en
el original reemplazándolas con *And* para comunicar la
representación poética de Martí de un cambio violento y

desenfrenado que va en aumento. El uso reiterado de la conjunción copulativa es importante no sólo estilísticamente sino también, como observa el crítico Joseph Zdenek, por su capacidad de "enlaza[r] las palabras con la situación [... y] representa[r] lingüísticamente el movimiento de la fiesta, de formar un *continuum* de acción, de ritmo que no se para." (90). La rima, aunque Martí la emplea en todo el *Ismaelillo*, es difícil de transmitir del español al inglés sin pervertir el significado del original, o sin crear un efecto cómico no buscado entre los sonidos correspondientes en inglés. Por consiguiente, he optado por usar la rima sólo cuando no suena forzada. En el fragmeno de "Tórtola blanca", logré con suavidad una *femenine pararhyme* o *slant rhyme* entre "laughter" y "shattered", y una correspondencia entre la *i* de "fire" y la de "ignited", sin sacrificar el sentido del original. Más aún, la repetición de sonidos en el original va mucho más allá de meras sensaciones acústicas, ya que aporta valores al significado. Así, los celebrantes "giran", "ondulan" y "valsan". La correspondencia entre estos últimos sonidos refleja el movimiento abrumador e incesante del tropel disoluto, esos "whirling", "swaying" y "waltzing" repetidos hasta la extenuación.

Una estrofa de "Penachos vívidos" ilustra más en profundidad estas técnicas:

> Como inquieto mar joven
> Del cauce nuevo henchido
> Rebosa, y por las playas
> Bulle y muere tranquilo;

Traduje la estrofa de esta manera:

> *As a restless youthful sea*
> *From its channel newly-filled*

Overflows, and by the shores
Seethes and dies there, hushed and stilled;

Así, procuro mantener el sentido, al mismo tiempo que preservo la personificación del mar, reflejo el metro martiano al emplear el trocaico cataléctico del inglés, y reproduzco la rima asonante del original en el segundo y cuarto versos. Además, la repetición fonética de la /s/ en inglés evoca el siseo líquido del "inquieto mar joven", y se aproxima a la sonora correspondencia espumosa de las /p/, /ll/, /b/ y /u/ del original.

Debo aclarar, sin embargo, que no todas mis traducciones siguen tan de cerca los poemas originales como los ejemplos precedentes. En cuanto a estos versos en que he prescindido de reflejar la predilección martiana por la forma, he de apelar a una declaración que Martí publicó en su *Revista Universal*: "A veces es artística la irregularidad" (citado en Ripoll, *Doctrines* 85). Como observó el teórico Peter Newmark, "una traducción buena de un poema es más bien una introducción modesta al original que una recreación del original" (9)[8]. De este modo, con mi traducción anotada de *Ismaelillo*, espero llamar, una vez más, la atención del lector hacia el lenguaje y su contexto, alcanzando aquella transparencia que, según Walter Benjamin, "permite que el lenguaje puro, como reforzado por su propia mediación, relumbre en el original aún más plenamente" (80).[9] Espero que mi traducción exprese con transparencia aquellos arranques de amor paternal, tanto en las descripciones de pesadillas como en las canciones de cuna, esto es, en la agonía y la ternura del original.

NOTAS

¹ Entre los críticos, hay desacuerdo sobre exactamente dónde y cuándo escribió Martí los quince poemas del *Ismaelillo*. La mayoría de los estudiosos indican que escribió la mayor parte de los textos durante los siete meses de residencia en Venezuela, entre enero y julio de 1881 (García Marruz, Gómez-Reinoso, Pérez Delgado, Sardiña, Toledo Sande, Vitier, et al.). Sin embargo, Enrico Santí nota que, a pesar de que en una carta a Diego Jugo Ramírez el 19 de diciembre de 1881 Martí describe el *Ismaelillo* como "un librito que escribí en Caracas", en su cuaderno de 1880 ya aparecen esbozos de algunos de los poemas. Parece como si Martí ya hubiese compuesto "Sueño despierto" y "Mi caballero", entre otros, antes de salir de Nueva York. Santí sugiere el período que va de octubre de 1880 a enero de 1881 para la composición de la obra. Véase *Pensar a José Martí: Notas para un centenario* (49-50). En cualquier caso, ambos períodos de la vida de Martí se caracterizaron por la ausencia de su familia, la separación de su patria, y un onírico vagar desconsolado que Martí evoca en poemas como "Sobre mi hombro": "Hijo, en tu busca / Cruzo los mares: / Las olas buenas / A ti me traen".

² Génesis 16.12

³ Ibid., 16.11

⁴ Para la versión del sacrificio en el Corán, véase Surah 37.99-111.

⁵ Santí no aporta evidencias para apoyar su idea de que el libro no fue extensivamente distribuido, pero la siguiente cita de una carta que Martí escribió a Manuel Mercado en 1882 indica un número de copias relativamente limitado, además de un alto y una demora en la distribución por parte del autor. "En mi estante tengo amontonada hace meses toda la edición [del *Ismaelillo*], – porque como la

vida no me ha dado hasta ahora ocasión suficiente para mostrar que soy poeta en actos, tengo miedo de que por ir mis versos a ser conocidos antes que mis acciones, vayan las gentes a creer que sólo soy, como tantos otros, poeta en versos" (citado en Morales, *La poética* 435).

6 El original dice "The task of the translator consists in finding that intended effect upon the language into which he is translating which produces in it the echo of the original [...], aiming to give, in its own language, the reverberation of the work in the alien one."

7 He mantenido la puntuación del original siempre que ha sido posible, excepto cuando ésta es un estorbo para el claro entendimiento de la traducción.

8 El original dice "Inevitably, a good translation is as much a modest introduction to as a recreation of the original."

9 El original dice que la transparencia "allows the pure language, as though reinforced by its own medium, to shine upon the original all the more fully."

ISMAELILLO

HIJO:

Espantado de todo, me refugio en ti.

Tengo fe en el mejoramiento humano, en la vida futura, en la utilidad de la virtud, y en ti.

Si alguien te dice que estas páginas se parecen a otras páginas, diles que te amo demasiado para profanarte así. Tal como aquí te pinto, tal te han visto mis ojos. Con esos arreos de gala te me has aparecido. Cuando he cesado de verte en una forma, he cesado de pintarte. Esos riachuelos han pasado por mi corazón.

¡Lleguen al tuyo!

SON:

Daunted by all, I take refuge in you.

I have faith in human improvement, in future life, in the utility of virtue, and in you.

If anyone tells you that these pages bear a resemblance to other pages, tell them that I love you too much to profane you thus. I paint you here exactly how my eyes have seen you. With this festive regalia you have appeared to me. When I have ceased to see you in a certain way, I have ceased to paint you. These rivulets have passed through my heart.

May they reach yours!

Príncipe enano

Para un príncipe enano
Se hace esta fiesta.
Tiene guedejas rubias,
Blandas guedejas;
5 Por sobre el hombro blanco
Luengas le cuelgan.
Sus dos ojos parecen
Estrellas negras:
Vuelan, brillan, palpitan,
10 Relampaguean!
Él para mí es corona,
Almohada, espuela.
Mi mano, que así embrida
Potros y hienas,
15 Va, mansa y obediente,
Donde él la lleva.
Si el ceño frunce, temo;
Si se me queja, –
Cual de mujer, mi rostro
20 Nieve se trueca:
Su sangre, pues, anima
Mis flacas venas:
¡Con su gozo mi sangre
Se hincha, o se seca!
25 Para un príncipe enano
Se hace esta fiesta.

¡Venga mi caballero
Por esta senda!
¡Éntrese mi tirano
30 Por esta cueva!
Tal es, cuando a mis ojos
Su imagen llega,

Tiny Prince

This jubilee is celebrated
For a tiny prince.
His golden hair,
Soft locks of hair,
Hang down upon his
Shoulders white.
His eyes resemble
Sable stars:
They fly, they shine, they throb,
They flash!
For me, he is a diadem,
A pillow, and a spur.
My hand, that bridles
Colts and hyenas,
Meekly goes
Where he directs.
If scowls appear, I shrink in fear;
If he complains to me, – my face
Turns, like a woman's,
White as snow:
His blood, then, wakes
My feeble veins:
They swell or shrivel
With his joy!
This jubilee is celebrated
For a tiny prince.

My cavalier,
Come through this path!
My tyrant, enter
Through this cave!
Like this, his image comes
Before my eyes,

Cual si en lóbrego antro
Pálida estrella,
35 Con fulgores de ópalo
Todo vistiera.
A su paso la sombra
Matices muestra,
Como al sol que las hiere
40 Las nubes negras.
¡Héme ya, puesto en armas,
En la pelea!
Quiere el príncipe enano
Que a luchar vuelva:
45 ¡Él para mí es corona,
Almohada, espuela!
Y como el sol, quebrando
Las nubes negras,
En banda de colores
50 La sombra trueca, –
Él, al tocarla, borda
En la onda espesa,
Mi banda de batalla
Roja y violeta.
55 ¿Conque mi dueño quiere
Que a vivir vuelva?
¡Venga mi caballero
Por esta senda!
¡Éntrese mi tirano
60 Por esta cueva!
¡Déjeme que la vida
Λ él, a él ofrezca!
Para un príncipe enano
Se hace esta fiesta.

As if with opals' luster dressed
A star shines pale
In murky dens.
And when he passes,
Shadows show
Their varied shades,
As when the sunshine stabs
The somber clouds.
I'm here now, armed
Within the fray!
The tiny prince desires that I
Return to fight again:
For me, he is a diadem,
A pillow, and a spur!
And like the sun which breaks
Dark clouds,
And changes shade
To colored bands, –
With just his touch upon it, he
Embroiders on the turbid wave
My red and violet
Battle band.
So now my master wants for me
To live again?
My cavalier,
Come through this path!
My tyrant, enter
Through this cave!
Now grant me leave to offer him,
To offer him my life!
This jubilee is celebrated
For a tiny prince.

Sueño despierto

Yo sueño con los ojos
Abiertos, y de día
Y noche siempre sueño.
Y sobre las espumas
5   Del ancho mar revuelto,
Y por entre las crespas
Arenas del desierto,
Y del león pujante,
Monarca de mi pecho,
10   Montado alegremente
Sobre el sumiso cuello,
Un niño que me llama
Flotando siempre veo!

lines 4-11: Appropriate for this poem's oneiric theme, the identity of its central actor remains ambiguous. Is the one who rides upon the sea foam, desert sand, and mighty lion meant to be the dreaming speaker of the opening lines or the eternally calling boy of the speaker's closing exclamation? The language of the poem permits either reading. Likewise, the submissive neck can be understood as being that of the lion or that of the paternal dreamer, a prelude to images more fully developed in poems like "Brazos fragantes," "Mi caballero," and "Sobre mi hombro."

I Dream Awake

I dream with eyes wide open;
By day and night I'm dreaming.
Upon the spume of wide, rough seas,
And through the dry sands curling
Across the barren desert lands,
And on the mighty lion,
Monarch of my heart and soul,
Mounted merrily astride,
Astride the tame and gentle neck,
A little boy who calls me,
Floating, evermore I see!

Brazos fragantes

Sé de brazos robustos,
Blandos, fragantes;
Y sé que cuando envuelven
El cuello frágil,
5   Mi cuerpo, como rosa
Besada, se abre,
Y en su propio perfume
Lánguido exhálase.
Ricas en sangre nueva
10   Las sienes laten;
Mueven las rojas plumas
Internas aves;
Sobre la piel, curtida
De humanos aires,
15   Mariposas inquietas
Sus alas baten;
Savia de rosa enciende
Las muertas carnes! –
Y yo doy los redondos
20   Brazos fragantes,
Por dos brazos menudos
Que halarme saben,
Y a mi pálido cuello
Recios colgarse,
25   Y de místicos lirios
Collar labrarme!
¡Lejos de mí por siempre,
Brazos fragantes!

Fragrant Arms

I know of arms robust
And soft; I know that when
Such fragrant arms
Are wrapped around
My fragile neck,
My body, like a rosebud
Kissed, unfolds,
Exhaling languid scents.
My temples throb
With rich new blood;
Internal birds
Wave crimson plumes,
While wings
Of trembling butterflies
Convulse upon
My calloused skin,
A skin
By human breezes worn,
Dead flesh
By roses' sap inflamed! –
And I give up round,
Fragrant arms
For two small arms
That gently tug,
That draw me in
And tightly clasp
My pallid neck,
And weave for me
A lei of mystic irises!
Away from me forever,
Fragrant arms!

Mi caballero

Por las mañanas
Mi pequeñuelo
Me despertaba
Con un gran beso.
5   Puesto a horcajadas
Sobre mi pecho,
Bridas forjaba
Con mis cabellos.
Ebrio él de gozo,
10   De gozo yo ebrio,
Me espoleaba
Mi caballero:
¡Qué suave espuela
Sus dos pies frescos!
15   ¡Cómo reía
Mi jinetuelo!
Y yo besaba
Sus pies pequeños,
Dos pies que caben
20   En sólo un beso!

My Cavalier

In mornings past
My little one
Would waken me
With one grand kiss,
Astride my chest
With bridle reins
Forged from my hair.
Both drunk with joy,
A groggy pair,
My pint-sized knight
Would spur me on:
But what soft spurs
His two fresh feet!
And how he laughed,
My buckaroo!
Then I would kiss
His tiny feet,
Two feet that fit
In just one kiss!

Musa traviesa

Mi musa? Es un diablillo
Con alas de ángel.
¡Ah, musilla traviesa,
Qué vuelo trae!

5   Yo suelo, caballero
En sueños graves,
Cabalgar horas luengas
Sobre los aires.
Me entro en nubes rosadas,
10 Bajo a hondos mares,
Y en los senos eternos
Hago viajes.
Allí asisto a la inmensa
Boda inefable,
15 Y en los talleres huelgo
De la luz madre:
Y con ella es la oscura
Vida, radiante,
Y a mis ojos los antros
20 Son nidos de ángeles!
Al viajero del cielo
¿Qué el mundo frágil?
Pues ¿no saben los hombres
Qué encargo traen?
25 ¡Rasgarse el bravo pecho,
Vaciar su sangre,
Y andar, andar heridos
Muy largo valle,
Roto el cuerpo en harapos,
30 Los pies en carne,
Hasta dar sonriendo

Mischievous Muse

My muse? He is a devilkin,
A little imp with angel wings.
Ah, cunning muse,
What flight you lead!

I often ride
In solemn dreams,
Long hours mounted
On the breeze.
I enter into rosy clouds,
Descend to dark, abysmal seas,
And voyage through
Eternal voids.
I there attend
The wedding feast,
Ineffable and measureless,
And rest within the workshops
Of maternal light:
Dark life with her
Is radiant,
And to my eyes the murky dens
Are angels' nests!
What is the fragile world to one
Who travels in the heavens?
Do men not know
The task they bear?
To slash their own courageous chest,
To spill their blood,
And walk, walk wounded
Lengthy valley,
Broken body wrapped in rags,
The feet in flesh,
Till giving smiling

–¡No en tierra! – exánimes!
Y entonces sus talleres
La luz les abre,
35 Y ven lo que yo veo:
¿Qué el mundo frágil?
Seres hay de montaña,
Seres de valle,
Y seres de pantanos
40 Y lodazales.

De mis sueños desciendo,
Volando vanse,
Y en papel amarillo
Cuento el viaje.
45 Contándolo, me inunda
Un gozo grave: –
Y cual si el monte alegre,
Queriendo holgarse
Al alba enamorando
50 Con voces ágiles,
Sus hilillos sonoros
Desanudase,
Y salpicando riscos,
Labrando esmaltes,
55 Refrescando sedientas
Cálidas cauces,
Echáralos risueños
Por falda y valle, –
Así, al alba del alma
60 Regocijándose,
Mi espíritu encendido
Me echa a raudales
Por las mejillas secas
Lágrimas suaves.
65 Me siento, cual si en magno
Templo oficiase;

– Not on earth! – inanimate!
And then the light
Unbars her workshops,
They now see what I can see:
What is the fragile world?
There are beings of the mountain,
Beings of the vale
And beings of the swamps
And lowland bogs.

From dreams I drop,
The dreams fly on,
And I on yellow paper tell
My journey's tale.
In telling it, I'm overwhelmed
With heavy joy: –
As if the happy mountain,
wanting sport
And courting dawn
With nimble voices,
Looses its resounding streams,
And stippling crags,
It melds enamels,
Cooling thirsty,
Sultry channels,
Hurls them glad
Through slope and vale, –
Like this, rejoicing
At soul's dawn,
My kindled spirit floods
My barren cheeks
With gentle tears.
I feel as if I minister
In some exalted temple:
As if my soul were
poured with myrrh

Cual si mi alma por mirra
Virtiese al aire;
Cual si en mi hombro surgieran
70 Fuerzas de Atlante;
Cual si el sol en mi seno
La luz fraguase: –
Y estallo, hiervo, vibro,
Alas me nacen!

75 Suavemente la puerta
Del cuarto se abre,
Y éntranse a él gozosos
Luz, risas, aire.
Al par da el sol en mi alma
80 Y en los cristales:
¡Por la puerta se ha entrado
Mi diablo ángel!
¿Qué fue de aquellos sueños,
De mi viaje,
85 Del papel amarillo,
Del llanto suave?
Cual si de mariposas
Tras gran combate
Volaran alas de oro
90 Por tierra y aire,
Así vuelan las hojas
Do cuento el trance.
Hala acá el travesuelo
Mi paño árabe;
95 Allá monta en el lomo
De un incunable;
Un carcax con mis plumas
Fabrica y átase;
Un sílex persiguiendo
100 Vuelca un estante,
Y ¡allá ruedan por tierra

Ascending in the air;
As if the strength of Atlas had
Arisen in my shoulder;
As if the sun had forged
its blazing rays
within my chest: —
I burst, I seethe, I tremble,
Wings sprout from me!

The chamber door
Swings softly open,
Enter laughter,
Light, and air.
The sun shines through both
My soul and windows:
There my devil-angel enters!
What became
Of voyage dreams,
Of yellow paper,
Gentle tears?
As wings of gold
Would fly aloft
Through earth and sky
Like butterflies
Behind a fray,
Thus fly the sheets
On which I write
The story of my peril.
Here the little mischief-maker
Drags my Arab linen;
There he mounts
An ancient tome;
He makes a quiver with my pens
And binds it fast about him.
A shard of flint pursuing,
He upsets a shelf of books,

Versillos frágiles,
Brumosos pensadores,
Lópeos galanes!
105 De águilas diminutas
Puéblase el aire:
¡Son las ideas, que ascienden,
Rotas sus cárceles!

Del muro arranca, y cíñese,
110 Indio plumaje:
Aquella que me dieron
De oro brillante,
Pluma, a marcar nacida
Frentes infames,
115 De su caja de seda
Saca, y la blande:
Del sol a los requiebros
Brilla el plumaje,
Que baña en áureas tintas
120 Su audaz semblante.
De ambos lados el rubio
Cabello al aire,
A mí súbito viénese
A que lo abrace.
125 De beso en beso escala
Mi mesa frágil;
¡Oh, Jacob, mariposa,
Ismaelillo, árabe!
¿Qué ha de haber que me guste
130 Como mirarle
De entre polvo de libros
Surgir radiante,
Y, en vez de acero, verle
De pluma armarse,
135 Y buscar en mis brazos
Tregua al combate?

And on the ground
Roll fragile verses,
Foggy thinkers,
Lopean gallants!
Tiny eagles flood the air:
They are ideas rising up
From shattered cells!

He snatches from
The wall and girds
An Indian plume:
That plume they gave me,
Gleaming gold;
And from his sheath of silk
He draws a quill pen fit
To brand foul minds;
He whirls it round:
From sun to well-crushed ore
It shines, the plume
That bathes its daring face
In golden inks.
Fair hair on both sides
To the air,
He suddenly draws near to me
So that I might embrace him.
With kiss on kiss he clambers up
My fragile table.
Oh, Jacob, butterfly,
Ismaelillo, Arab!
What could ever please me more
Than watching him rise radiant
Within the dust of crumbling books,
To see him armed with pen
Instead of sword,
And seeking rest from combat
In my arms.

Venga, venga, Ismaelillo:
La mesa asalte,
Y por los anchos pliegues
140 Del paño árabe
En rota vergonzosa
Mis libros lance,
Y siéntese magnífico
Sobre el desastre,
145 Y muéstreme riendo,
Roto el encaje –
– ¡Qué encaje no se rompe
En el combate! –
Su cuello, en que la risa
150 Gruesa onda hace!
Venga, y por cauce nuevo
Mi vida lance,
Y a mis manos la vieja
Péñola arranque,
155 Y del vaso manchado
La tinta vacie!
¡Vaso puro de nácar:
Dame a que harte
Esta sed de pureza:
160 Los labios cánsame!
¿Son éstas que lo envuelven
Carnes, o nácares?
La risa, como en taza
De ónice árabe,
165 En su incólume seno
Bulle triunfante:
¡Héte aquí, hueso pálido,
Vivo y durable!
Hijo soy de mi hijo!
Él me rehace!

Come, come, Ismaelillo:
storm the table,
Fling my books
In shameful rout
Through ample folds
Of Arab linen.
Seat yourself magnificent
Above the wreck,
With laughter show me
Broken lace –
What lacework stays
Unbroken in the fray! –
His neck, in which the laughter
Shapes a fleshy wave!
Draw near and launch
My life afresh
Through channels new,
Dislodge the old pen
From my hands,
And drain the spattered
Pot of ink.
Pure cup of pearl:
Relieve my thirst
For purity, till I am filled,
Exhaust my lips.
Is this which wraps about him
Flesh or pearl?
The laugh, as in a cup
Of Arab onyx,
Seethes triumphant
In his unharmed chest.
Behold, pale bone,
Alive and lasting!
I am son of my son!
He remakes me!

Pudiera yo, hijo mío,
Quebrando el arte
Universal, muriendo
Mis años dándote,
175   Envejecerte súbito,
La vida ahorrarte! –
Mas no: que no verías
En horas graves
Entrar el sol al alma
180   Y a los cristales!
Hierva en tu seno puro
Risa sonante:
Rueden pliegues abajo
Libros exangües:
185   Sube, Jacob alegre,
La escala suave:
Ven, y de beso en beso
Mi mesa asaltes: –
¡Pues ésa es mi musilla,
190   Mi diablo ángel!
¡Ah, musilla traviesa,
Qué vuelo trae!

I could, my son,
Transgress the universal art,
And dying, give you
All my years
To age you in an instant,
Spare you life! –
But no: you then would never see
The sun in solemn hours
Shine in both the soul and windows!
Let the ringing laughter seethe
In your pure chest,
Let lifeless books
Roll under folds:
Glad Jacob, climb
The gentle ladder:
Come and storm my desk
With kiss on kiss: –
This is my devil-angel,
Little muse!
Ah, cunning muse,
What flight you lead!

lines 69-70:   Martí's allusion to Atlas, the Titan of Greek mythology whose name means "he who dares or suffers," is significant.   Like Martí punished for his defiance of Spanish rule, Atlas was made to carry the weight of the sky on his shoulders as punishment for leading the Titan forces against Zeus.   See Robert Graves, *The Greek Myths* (London: Penguin, 1990) 383.

lines 94-100:   The biographer Jorge Mañach y Robato affirms that "paño árabe" literally refers to an Arabian cloth which decorated Martí's New York office. Likewise the "ónice árabe" of line 164 is, according to Mañach, a reference to an onyx paperweight the infant son broke while playing. Whether literal or not, this onyx and the Middle Eastern fabric add to *Ismaelillo*'s oriental trappings.   Later in the poem, the mischievous muse symbolically casts the speaker's dusty, old books into the folds of the Arabian linen.   The foreign, oriental element, a staple device of the Romantics, is thus associated with the renovation brought about by the muse.   See *Homenaje en memoria de José Martí y Zayas Bazán* (Havana: Academia de la Historia de Cuba, 1953) 39.

line 104:   Martí coined the word *Lópeos* to describe the passionate hero-lovers who populate the plays of Lope de Vega, Spain's most prolific dramatist. The English equivalent of Martí's neologism would be "Lopean" in the tradition of forming adjectives from authors' names by adding an *-ean* or *-ian* suffix (e.g., Spenserian, Shakespearean, Dickensian).

José Martí and son, José Francisco,
shortly after *Ismaelillo* was written.

Mi reyecillo

Los persas tienen
Un rey sombrío;
Los hunos foscos
Un rey altivo;
5   Un rey ameno
Tienen los íberos;
Rey tiene el hombre,
Rey amarillo:
¡Mal van los hombres
10 Con su dominio!
Mas yo vasallo
De otro rey vivo, –
Un rey desnudo,
Blanco y rollizo:
15 Su cetro – un beso!
Mi premio – un mimo!
Oh! cual los áureos
Reyes divinos
De tierras muertas,
20 De pueblos idos
– ¡Cuando te vayas,
Llévame, hijo! –
Toca en mi frente
Tu cetro omnímodo;
25 Úngeme siervo,
Siervo sumiso:
¡No he de cansarme
De verme ungido!
¡Lealtad te juro,
30 Mi reyecillo!
Sea mi espalda
Pavés de mi hijo:

My Little King

The Persians have
A somber king;
The sullen Huns,
A haughty king;
Iberians,
A pleasant king;
Man has a king,
A yellow king:
And men go wrong
Beneath his reign!
But I live as
A vassal to
Another king, –
A naked, white,
And chubby king:
His scepter – a kiss!
My prize – a caress!
Oh! like the golden
Kings divine
Of lifeless lands,
Of vanished tribes
– Son, take me with you
When you go! –
Place on my brow
Your scepter whole.
Anoint me servant,
Servant meek;
I must not tire
Of this anointing!
Loyalty to you I swear,
My little king!
And may my back

Pasa en mis hombros
El mar sombrío:
35 Muera al ponerte
En tierra vivo: –
Mas si amar piensas
El amarillo
Rey de los hombres,
40 ¡Muere conmigo!
¿Vivir impuro?
¡No vivas, hijo!

Be for my son
A pavisade:
And on my shoulders
Pass the somber sea:
For I would die
On leaving you
Alive on earth: –
But if you think
To love the yellow
King of men,
Die with me, son!
To live impure?
Don't live, my son!

Penachos vívidos

Como taza en que hierve
De transparente vino
En doradas burbujas
El generoso espíritu;

5   Como inquieto mar joven
Del cauce nuevo henchido
Rebosa, y por las playas
Bulle y muere tranquilo;

Como manada alegre
10   De bellos potros vivos
Que en la mañana clara
Muestran su regocijo,
Ora en carreras locas,
O en sonoros relinchos,
15   O sacudiendo el aire
El crinaje magnífico; –

Así mis pensamientos
Rebosan en mí vívidos,
Y en crespa espuma de oro
20   Besan tus pies sumisos,
O en fúlgidos penachos
De varios tintes ricos,
Se mecen y se inclinan
Cuando tú pasas – hijo!

Vivid Crests

As a cup of lucid wine
Sparkles with a golden foam,
Beneficent spirits rise
With its effervescent gold;

As a restless youthful sea
From its channel newly-filled
Overflows, and by the shores
Seethes and dies there,
Hushed and stilled;

As a herd of joyful colts
Show their joy when
Dawn breaks clear,
Now in crazy courses race,
Now with rich, resounding neighs,
Beat the air with splendid manes; –

Thus my thoughts within me surge,
Bursting forth with life and force,
And in curling, golden foam,
My thoughts kiss your gentle feet,
Or among bright, feathered crests
Rich in varicolored shades,
There they undulate and sway,
Bowing when you pass – my son!

Hijo del alma

Tú flotas sobre todo
Hijo del alma!
De la revuelta noche
Las oleadas,
5   En mi seno desnudo
Déjante al alba;
Y del día la espuma
Turbia y amarga,
De la noche revuelta
10   Te echa en las aguas.
Guardiancillo magnánimo,
La no cerrada
Puerta de mi hondo espíritu
Amante guardas;
15   Y si en la sombra ocultas
Búscanme avaras,
De mi calma celosas,
Mis penas varias, –
En el umbral oscuro
20   Fiero te alzas,
Y les cierran el paso
Tus alas blancas!
Ondas de luz y flores
Trae la mañana,
25   Y tú en las luminosas
Ondas cabalgas.
No es, no, la luz del día
La que me llama,
Sino tus manecitas
30   En mi almohada.
Me hablan de que estás lejos:
¡Locuras me hablan!

Son of My Soul

Son of my soul,
You float above all!
The billowing swells
Of the turbulent night,
On my uncovered chest
Leave you only at dawn;
And the dark, bitter spume
Of the turbulent night
In the day will propel you
Back out with the tides.
Heroic wee watchman,
Beloved, you guard
The unconcealed door
Of my innermost spirit;
If you hide in shadow
My various sorrows
Pursue me with avarice,
Craving my calm,–
Within the dark threshold
Ferocious you rise,
And close off their passage
With your white wings!
The morning brings billows
Of flowers and light,
And you ride like a horseman
On luminous waves.
No, that which invokes me
Is not the bright daylight,
But rather your soft, little
Hands on my pillow.
Some speak of your distance:
It's madness they speak!

Ellos tienen tu sombra;
¡Yo tengo tu alma!
35 Ésas son cosas nuevas,
Mías y extrañas.
Yo sé que tus dos ojos
Allá en lejanas
Tierras relampaguean, –
40 Y en las doradas
Olas de aire que baten
Mi frente pálida,
Pudiera con mi mano,
Cual si haz segara
45 De estrellas, segar haces
De tus miradas!
¡Tú flotas sobre todo,
Hijo del alma!

lines 44-46: In the language of the original, Martí plays with the double meaning of the Spanish word *haz* as a "sheaf of harvested grain" and as "a beam of light." The wordplay effectively reinforces the relationship between the two aureate images but is somewhat less effective in translation. Though most English metaphors for light concern its liquid-like properties (e.g., pool, stream, flow, wave, flood), the phrase "shafts of light" might best represent a rigid ray that could be harvested.

They might have your shadow,
But I have your soul!
Those matters are novel,
Are mine and yet foreign.
I know your eyes glisten
In faraway lands, –
In gold waves of air
That assail my pale forehead,
I could, with my hand,
As if harvesting stars,
Gleaning sheaves, I could reap
Shafts of light from your glances!
Son of my soul,
You float above all!

Amor errante

Hijo, en tu busca
Cruzo los mares:
Las olas buenas
A ti me traen:
5   Los aires frescos
Limpian mis carnes
De los gusanos
De las ciudades;
Pero voy triste
10   Porque en los mares
Por nadie puedo
Verter mi sangre.
¿Qué a mí las ondas
Mansas e iguales?
15   ¿Qué a mí las nubes,
Joyas volantes?
¿Qué a mí los blandos
Juegos del aire?
¿Qué la iracunda
20   Voz de huracanes?
A éstos – ¡la frente
Hecha a domarles!
A los lascivos
Besos fugaces
25   De las menudas
Brisas amables, –
Mis dos mejillas
Secas y exangües,
De un beso inmenso
30   Siempre voraces!
Y ¿a quién, el blanco
Pálido ángel
Que aquí en mi pecho

Errant Love

In search of you
I cross the seas:
My son, the good waves
Take me to you.
Cooling breezes
Cleanse my flesh
Of maggots
From the cities;
But I am sad,
For I can shed
My blood for none
Upon the seas.
Then what to me
Are waves unvaried,
Windswept clouds
Like flying jewels,
The gentle antics
Of the air,
The wrathful voice
Of hurricanes?
The mind was made
To master these!
To tame the wanton,
Fleeting kiss
Of pleasant, little breezes, –
My bloodless cheeks
Forever crave
An endless kiss!
And who is sought
With eager panting
By the angel
Pale and white,

Las alas abre
35 Y a los cansados
Que de él se amparen
Y en él se nutran
Busca anhelante?
¿A quién envuelve
40 Con sus suaves
Alas nubosas
Mi amor errante?
Libres de esclavos
Cielos y mares,
45 Por nadie puedo
Verter mi sangre!

Y llora el blanco
Pálido ángel:
¡Celos del cielo
50 Llorar le hacen,
Que a todos cubre
Con sus celajes!
Las alas níveas
Cierra, y ampárase
55 De ellas el rostro
Inconsolable: –
Y en el confuso
Mundo fragante
Que en la profunda
60 Sombra se abre,
Donde en solemne
Silencio nacen
Flores eternas
Y colosales,
65 Y sobre el dorso
De aves gigantes

That spreads his wings
Upon my chest
And feeds and shelters
Weary ones?
And who is wrapped
Within his wings,
My errant love's soft,
Cloud-like wings?
The skies and seas
Are free of slaves,
And I can shed
My blood for none.

Thus weeps the angel
Pale and white:
He weeps for envy
Of the sky
That covers all
With mottled clouds!
He gathers up
His snowy wings
To shield his anguished
Face within: –
And in the fragrant,
Confused world
That opens in
The deepest shade,
In solemn silence
Bloom colossal
Flowers everlasting,
And on the backs
Of giant birds

Despiertan besos
Inacabables, –
Risueño y vivo
70   Surge otro ángel!

Awaken kisses
Never-ending, –
There another
Angel rises,
Smiling and alive.

Sobre mi hombro

Ved: sentado lo llevo
Sobre mi hombro:
Oculto va, y visible
Para mí sólo!
5   Él me ciñe las sienes
Con su redondo
Brazo, cuando a las fieras
Penas me postro: –
Cuando el cabello hirsuto
10   Yérguese y hosco,
Cual de interna tormenta
Símbolo torvo,
Como un beso que vuela
Siento en el tosco
15   Cráneo: su mano amansa
El bridón loco! –
Cuando en medio del recio
Camino lóbrego,
Sonrío, y desmayado
20   Del raro gozo,
La mano tiendo en busca
De amigo apoyo, –
Es que un beso invisible
Me da el hermoso
25   Niño que va sentado
Sobre mi hombro.

On My Shoulder

Look at how I carry him
Seated on my shoulder:
Secretly, and visible
To me alone!
Around my brow he wraps his arm
When I bow low to vicious pains: –
And when my tangled hairs rise up,
Rough and stiff and sullen,
Like a symbol ominous
Of some inner torment,
Then I sense on my coarse skull,
Like a kiss alighting,
That which soothes the raging steed:
His calming hand upon me! –
When in midst of troubled ways
Where the path is darkest
And smiles cross my palid face,
Numb with some rare pleasure,
I extend my hand in search
Of a friend to lean on, –
Then I feel an unseen kiss
Gently brush my forehead,
Kisses from the handsome boy
Seated on my shoulder.

Tábanos fieros

Venid, tábanos fieros,
Venid, chacales,
Y muevan trompa y diente
Y en horda ataquen,
5   Y cual tigre a bisonte
Sítienme y salten!
Por aquí, verde envidia!
Tú, bella carne,
En los dos labios muérdeme:
10   Sécame: mánchame!
Por acá, los vendados
Celos voraces!
Y tú, moneda de oro,
Por todas partes!
15   De virtud mercaderes,
Mercadeadme!
Mató el Gozo a la Honra:
Venga a mí, – y mate!

Cada cual con sus armas
20   Surja y batalle:
El placer, con su copa;
Con sus amables
Manos, en mirra untadas,
La virgen ágil;
25   Con su espada de plata
El diablo bátame: –
La espada cegadora
No ha de cegarme!

Fierce Gadflies

Come, fierce gadflies,
Come, mad jackals,
Gnash your fangs
And sucking snouts,
In hordes attack,
And as a tiger
Leaps on bison,
Come besiege me!
Here, green envy!
You, fine flesh,
Gnaw both my lips:
And drain me: stain me!
This way, hungry,
Blinded envy!
You, gold coin,
Roll here and there!
And virtue-mongers,
Merchandise me!
Pleasure killed Honor:
Come to me, – and kill!

Rise and skirmish,
Each with weapons:
Pleasure with his
Tempting cup;
The agile virgin,
Charming hands
Bedaubed in myrrh;
With silver sword,
The devil strikes me: –
Blinding sword,
It must not blind me!

Asorde la caterva
30 De batallantes:
Brillen cascos plumados
Como brillasen
Sobre montes de oro
Nieves radiantes:
35 Como gotas de lluvia
Las nubes lancen
Muchedumbre de aceros
Y de estandartes:
Parezca que la tierra,
40 Rota en el trance,
Cubrió su dorso verde
De áureos gigantes:
Lidiemos, no a la lumbre
Del sol suave,
45 Sino al funesto brillo
De los cortantes
Hierros: rojos relámpagos
La niebla tajen:
Sacudan sus raíces
50 Libres los árboles:
Sus faldas trueque el monte
En alas ágiles:
Clamor óigase, como
Si en un instante
55 Mismo, las almas todas
Volando ex-cárceres,
Rodar a sus pies vieran
Su hopa de carnes:
Cíñame recia veste
60 De amenazantes
Astas agudas: hilos
Tenues de sangre
Por mi piel rueden leves

May the horde of
Fighters deafen:
Crested helmets
Shine like snow
On hills of gold:
Like drops of rain,
Let clouds cast
Swarms of blades
And banners:
May it seem
As if our planet,
Shattered in its latter days,
Had spread its verdant back
With golden giants:
Let us fight, not
By the gentle
Sunlight, but by
Piercing sabers'
Fatal splendor:
Let red lightning
Slash the fog:
May trees shake free
Their roots: and mounts
Convert their slopes
To nimble wings:
Let shrieks be heard
As if all souls
At once unshackled,
Soaring, saw their
Execution shrouds of flesh
Roll round their feet:
Now gird me with the
Sturdy garb of
Fearsome lances:
Slender threads of blood
Roll down my skin

Cual rojos áspides:
65   Su diente en lodo afilen
Pardos chacales:
Lime el tábano terco
Su aspa volante:
Muérdame en los dos labios
70   La bella carne: –
Que ya vienen, ya vienen
Mis talismanes!
Como nubes vinieron
Esos gigantes:
75   ¡Ligeros como nubes
Volando iranse!

———————

La desdentada envidia
Irá, secas las fauces,
Hambrienta, por desiertos
80   Y calcinados valles,
Royéndose las mondas
Escuálidas falanges;
Vestido irá de oro
El diablo formidable,
85   En el cansado puño
Quebrada la tajante;
Vistiendo con sus lágrimas
Irá, y con voces grandes
De duelo, la Hermosura
90   Su inútil arreaje: –
Y yo en el agua fresca
De algún arroyo amable
Bañaré sonriendo
Mis hilillos de sangre.

95   Ya miro en polvareda
Radiosa evaporarse

Like crimson serpents:
Grizzly jackals grind
Their fangs in mud:
The stubborn gadfly smooths
His wings for flight:
Let handsome flesh
Gnaw both my lips: –
My talismans now come,
They come! Like clouds
Those giants came, and
Light as clouds they vanish!

———————

Toothless envy,
Gullet dry, will
Go in hunger
Through the deserts,
Through the calcined
Valleys, gnawing
At her empty,
Squalid fingers;
Dressed in gold, the
Dreadful fiend will
Travel on with
Splintered blade in
Weary fist, while
Beauty, too,
Will go with wailing;
Tears adorn her
Useless trappings: –
Meantime, I, in some
Cool stream, will
Bathe my threads
Of blood while smiling.

Now I watch those
Scaly breastplates

Aquellas escamadas
Corazas centellantes:
Las alas de los cascos
100 Agítanse, debátense,
Y el casco de oro en fuga
Se pierde por los aires.
Tras misterioso viento
Sobre la hierba arrástranse,
105 Cual sierpes de colores,
Las flámulas ondeantes.
Junta la tierra súbito
Sus grietas colosales
Y echa su dorso verde
110 Por sobre los gigantes:
Corren como que vuelan
Tábanos y chacales,
Y queda el campo lleno
De un humillo fragante.
115 De la derrota ciega
Los gritos espantables
Escúchanse, que evocan
Callados capitanes;
Y mésase soberbia
120 El áspero crinaje,
Y como muere un buitre
Expira sobre el valle!
En tanto, yo a la orilla
De un fresco arroyo amable,
125 Restaño sonriendo
Mis hilillos de sangre.

No temo yo ni curo
De ejércitos pujantes,
Ni tentaciones sordas,

Vaporize in
Gleaming dust clouds:
Helmet visors
Flutter, struggle;
Fleeing golden
Helmets vanish.
After winds mysterious,
The waving pennants
Drag the grass
Like colored serpents.
Earth abruptly
Pulls together,
Closing its
Colossal chasms,
Casting down its verdant back
Upon the golden giants:
Flies and jackals,
Hasten as they fly away;
The field is full
Of fragrant vapor.
Frightful screams
Of heedless conquest
Summon forth the
Silent captains;
Pride rips out her
Tangled mane,
And dies, as vultures
Die, above the valley.
Meantime, by the
Fresh, cool stream,
I stanch my threads
Of blood while smiling.

I neither dread nor tend to
Mighty troops,
Nor muffled charms,

130   Ni vírgenes voraces!
Él vuela en torno mío,
Él gira, él para, él bate;
Aquí su escudo opone;
Allí su clava blande;
135   A diestra y a siniestra
Mandobla, quiebra, esparce;
Recibe en su escudillo
Lluvia de dardos hábiles;
Sacúdelos al suelo,
140   Bríndalo a nuevo ataque.
¡Ya vuelan, ya se vuelan
Tábanos y gigantes! –
Escúchase el chasquido
De hierros que se parten;
145   Al aire chispas fúlgidas
Suben en rubios haces;
Alfómbrase la tierra
De dagas y montantes;
¡Ya vuelan, ya se esconden
150   Tábanos y chacales! –
Él como abeja zumba,
Él rompe y mueve el aire,
Detiénese, ondea, deja
Rumor de alas de ave:
155   Ya mis cabellos roza;
Ya sobre mi hombro párase;
Ya a mi costado cruza;
Ya en mi regazo lánzase;
¡Ya la enemiga tropa
160   Huye, rota y cobarde!
¡Hijos, escudos fuertes,
De los cansados padres!

Nor hungry virgins!
Round about me
Now he flies,
He turns, he stops, he batters;
Here his shield fends;
There his club swings;
Right and left he
Strikes, cracks, scatters:
With his little shield he welcomes
Rains of deadly darts;
He shakes them to the ground
And turns to greet a new attack.
The flies and giants
Fly, they fly!
One hears the crack
Of severed swords,
And crimson beams of
Sparks rise skyward;
Swords and daggers
Carpet earth;
The gadflies, jackals
Fly and hide! –
He buzzes like a bumblebee,
He cleaves and agitates the air,
He pauses, sways, and leaves
The hum of bird wings in his wake:
Now his passing strokes my hair;
Now he lights atop my shoulder;
Now he crosses at my side
And throws himself into my lap;
The troop of foes runs,
Broken, fearful!
Sons: strong shields of
Weary fathers!

¡Venga mi caballero,
Caballero del aire!
165 ¡Véngase mi desnudo
Guerrero de alas de ave,
Y echemos por la vía
Que va a ese arroyo amable,
Y con sus aguas frescas
170 Bañe mi hilo de sangre!
Caballeruelo mío!
Batallador volante!

Lines 11-12: Martí's use of the word *vendados* to describe *celos voraces* evokes an image of personified envy, bandaged or blindfolded or both. It is difficult to render the dual meaning of *vendados* in translation. I chose to use the adjective "blinded," under the conviction that Martí's innovative image functions as a modification of the classical portrayal of blind justice in order to depict personified envy as blindly devouring. The idea of blind, heedless destruction recurs in the description of "*la derrota ciega*" later in the poem.

Lines 99-100: Martí here plays with the word *ala*, which denotes not only "wing" but also the brim of a hat or, in this case, the visor of a helmet. The wordplay heightens the imagery of animated weaponry in flight.

Come, my knight,
My airy horseman!
Come, my naked,
Wingéd fighter,
Let us go to
That fresh stream
Where cooling waters
Bathe my blood!
My little horseman!
Flying fighter!

Tórtola blanca

El aire está espeso,
La alfombra manchada,
Las luces ardientes,
Revuelta la sala;
5   Y acá entre divanes
Y allá entre otomanas,
Tropiézase en restos
De tules, – o de alas!
Un baile parece
10   De copas exhaustas!
Despierto está el cuerpo,
Dormida está el alma;
¡Qué férvido el valse!
¡Qué alegre la danza!
15   ¡Qué fiera hay dormida
Cuando el baile acaba!

Detona, chispea,
Espuma, se vacía,
Y expira dichosa
20   La rubia champaña:
Los ojos fulguran,
Las manos abrasan,
De tiernas palomas
Se nutren las águilas;
25   Don Juanes lucientes
Devoran Rosauras;
Fermenta y rebosa
La inquieta palabra;
Estrecha en su cárcel
30   La vida incendiada,
En risas se rompe

White Turtledove

The thick air is sordid,
The carpet is soiled,
The lights like red fire,
The room in disorder;
And here among divans
And there among ottomans,
One stumbles on remnants
Of tulle, – or of wings!
A dance fills the parlor,
A dance of drained goblets!
The body is conscious,
The soul is in slumber;
How fervid the waltzing!
How merry the dancing!
What devil is sleeping
When this dance has ended!

Champagne with its glitter
Of russet gold luster
Erupts in bright bubbles
When happily emptied.
The eyes flash like lightning,
The hands embrace tightly,
The eagles will feast on
The tender, white culvers;
Don Juans in their splendor
Devour Rosauras;
The restless word ferments
And bursts from its borders;
Confined in its prison,
The life once ignited,
Is broken in laughter,

Y en lava y en llamas;
Y lirios se quiebran,
Y violas se manchan,
35 Y giran las gentes,
Y ondulan y valsan;
Mariposas rojas
Inundan la sala,
Y en la alfombra muere
40 La tórtola blanca.

Yo fiero rehúso
La copa labrada;
Traspaso a un sediento
La alegre champaña;
45 Pálido recojo
La tórtola hollada;
Y en su fiesta dejo
Las fieras humanas; –
Que el balcón azotan
50 Dos alitas blancas
Que llenas de miedo
Temblando me llaman.

lines 25-26: Young, pure, and lovely Rosaura is a stock character of the *commedia dell'arte*. She is also the virtuous heroine of Pedro Calderón de la Barca's play *La vida es sueño* (1636). Disguised as a man, Rosaura assumes the role of a chivalrous knight errant in order to seek out her unfaithful lover and avenge her lost honor. One central theme of Calderon's drama, as expressed in the title and in

In lava and fire;
And lilies are shattered
And violets tarnished,
And people arc whirling
And swaying and waltzing;
While butterflies crimson
Inundate the chamber,
The white turtledove on
The carpet expires.

I spurn the elaborate
Cup with vehemence;
The merry champagne
I consign to the thirsty;
Though pallid, I gather
The trampled white culver
And leave to their feasting
The human-like devils; –
For two little wings on
The balcony flutter,
White wings filled with terror
And trembling, they call me.

the celebrated soliloquy at the end of Act II, is the ephemeral quality of pleasurable, mundane grandeur contrasted with enduring glory one attains through the preservation of honor. "Tórtola blanca" echoes this theme in the speaker's description of a sordid celebration spurned.

Martí juxtaposes the heroine of *La vida es sueño* with a consuming Don Juan figure, alluding to the libertine seducer of Tirso de Molina's *El burlador de Sevilla* (1630) who is dragged to eternal inferno as punishment for his seductions and irreverence for death. Writers since Tirso have portrayed the legendary Don Juan with varying degrees of sympathy; José Zorilla among them allows the soul of the antihero to be redeemed by a woman's pure love in the romantic drama *Don Juan Tenorio* (1844).

José Francisco Martí y Zayas Bazán in Cuba
ca. 1919

José Francisco was seventeen years old and residing in the United States when he received word of his father's death at the Dos Ríos skirmish in 1895. José Francisco joined the struggle for Cuban independence as a soldier under the command of Calixto García, eventually rising to the rank of Captain of the Liberating Army. According to popular legend, José Francisco was assigned the same horse that his father had ridden at the time of his death and thus became the cavalier of his father's poetic visions, visions imaginatively and lovingly expressed in *Ismaelillo* fourteen years earlier.

– From the Introduction

Valle lozano

Dígame mi labriego
¿Cómo es que ha andado
En esta noche lóbrega
Este hondo campo?
5   Dígame de qué flores
Untó el arado,
Que la tierra olorosa
Trasciende a nardos?
Dígame de qué ríos
10   Regó este prado,
Que era un valle muy negro
Y ora es lozano?

Otros, con dagas grandes
Mi pecho araron:
15   Pues ¿qué hierro es el tuyo
Que no hace daño?
Y esto dije – y el niño
Riendo me trajo
En sus dos manos blancas
Un beso casto.

Lush Valley

My peasant plowman, tell me how,
How have you walked
Within the gloom of this dark night
Through this low field?
What flowers, tell me, did you use
To grease your plow
So that the pungent soil smells
Of lilies now?
And tell me from what streams you drew
To irrigate
This valley once so barren black
Yet verdant now?

When others with large dagger blades
My chest have gouged,
What iron then is this of yours
That makes no wound?
All this I asked the little lad,
Who laughing brought
To me within his two white hands
An unstained kiss.

Mi despensero

Qué me das? Chipre?
Yo no lo quiero:
Ni rey de bolsa
Ni posaderos
5   Tienen del vino
Que yo deseo;
Ni es de cristales
De cristaleros
La dulce copa
10   En que lo bebo.

Mas está ausente
Mi despensero,
Y de otro vino
Yo nunca bebo.

line 1:   Since ancient times, Cyprus has been a major exporter of wine among Mediterranean countries. The island's climate allows Cypriot fruit to ripen several weeks earlier than that of Spain, Italy, or Greece; and archaelogical evidence indicates that a prosperous wine trade flourished there as early as the seventh century B.C. See H. D. Purcell, *Cyprus* (New York: Praeger, 1968) 44, 86.

My Pantryman

What will you give me?
The island of Cyprus?
I do not want it.
No chamberlain
Or tavern-keeper
Offers wine that I desire;
Nor is the sweet cup
From which I drink it
Made of glass
From any glazier.

But my pantryman
Is absent,
And I never drink
Of other wine.

line 12: The word *despensero* presents some difficulty for English translation. The Spanish term refers to a household or shipboard servant in charge of comestible provisions, both food and drink. A word such as *butler*, then, would be unsatisfactory as a translation because of its historical and etymological associations with drink alone, while additional popular connotations accrued through usage in detective thrillers, for example, render *butler* cumbersome for conveying the sense of Martí's poem. Alternatively, a term like *steward* would imply broader managerial duties beyond the pantry. The word *pantryman*, although rare and somewhat quaint, perhaps comes closest to communicating the particular office of *despensero* in modern English.

Rosilla nueva

Traidor! Con qué arma de oro
Me has cautivado?
Pues yo tengo coraza
De hierro áspero.
5 Hiela el dolor: el pecho
Trueca en peñasco.

Y así como la nieve,
Del sol al blando
Rayo, suelta el magnífico
10 Manto plateado,
Y salta en hilo alegre
Al valle pálido,
Y las rosillas nuevas
Riega magnánimo; –
15 Así, guerrero fúlgido,
Roto a tu paso,
Humildoso y alegre
Rueda el peñasco;
Y cual lebrel sumiso
20 Busca saltando
A la rosilla nueva
Del valle pálido.

Fresh Little Rose

Traitor! With what golden weapon
Have you made me captive?
For I wear armor plates of steel,
A crust that inner pains congeal
To change my chest into a stone.

And thus, like the snow
When touched by a sunbeam
Releases its cloak
Of magnificient silver,
And happily leaps
To the colorless valley,
And lavishly waters
The fresh little roses; –
Like this, shining warrior,
The stone, at your passing,
Is broken and humbled
And joyfully tumbles;
And like a meek greyhound
It leaps and gives chase
To the fresh little rose
Of the colorless valley.

BIBLIOGRAPHY

Alborch Bataller, Carmen, ed. *José Martí: Obra y Vida*. *Poesía: Revista ilustrada de información poética* 42. Madrid: Siruela, 1995.

Allen, Esther. *José Martí: Selected Writings*. New York: Penguin, 2002.

Armas, Emilio de. "*Ismaelillo*: Versos 'unos y sinceros' de José Martí." *Anuario del Centro de Estudios Martianos* 4 (1981): 51-67.

Augier, Ángel I. "Introducción a *Ismaelillo*." *Anuario Martiano* 1 (1969): 167-206.

Benjamin, Walter. "The Task of the Translator." Trans. Harry Zohn. *Theories of Translation: An Anthology of Essays from Dryden to Derrida*. Eds. Rainer Schulte and John Biguenet. Chicago: U of Chicago Press, 1992. 71-82.

Cruz, Mary. "Alegoría viva: Martí." *Anuario L/L* 2 (1971): 25-46.

Cuesta, Leonel-Antonio de la. *Martí, traductor*. Salamanca: U Pontificia de Salamanca, 1996.

Darío, Rubén. *Los raros*. Buenos Aires: Espasa-Calpe, 1953.

Ette, Ottmar. "'I Carry a Wound Across my Chest': The Body in Martí's Poetry." *Re-Reading José Martí One Hundred Years Later*. Ed. Julio Rodríguez-Luis. Albany: State U of New York P, 1999. 35-52.

García Ronda, Denia. "'Mas está ausente mi despensero': Notas en el centenario de *Ismaelillo*." *Universidad de la Habana* 217 (1982): 17-32.

Gómez-Reinoso, Manuel. "Valoraciones sobre el *Ismaelillo* en su centenario." *José Martí ante la crítica actual, en*

el centenario del Ismaelillo. Ed. Elio Alba-Buffill.
New York: Círculo de Cultura Panamericano, 1983.
49-58.

Graves, Robert. *The Greek Myths.* Vol. 2. London:
Penguin, 1990. 2 vols.

Gray, Richard Butler. *José Martí, Cuban Patriot.*
Gainesville: U of Florida P, 1962.

Hammit, Gene. "Función y símbolo del hijo en el
Ismaelillo de Martí." *Revista Iberoamericana* 31
(1965): 71-81.

House, Laraine R. "José Martí y el ansia del amor puro."
Cuadernos Americanos 239 (1981): 134-52.

Lapesa, Rafael. *Historia de la lengua española.* Madrid:
Gredos, 1997.

Lazo, Raimundo. Prologue. *Ismaelillo, La edad de oro, Versos
sencillos.* By José Martí. Mexico City: Porrúa, 1987.

Lolo, Eduardo. *Mar de espuma: Martí y la literatura infantil.*
Miami: Universal, 1995.

Lubián y Arias, Rafael. *En la Revolución de Martí.*
Miami: Ameritype, 1984.

Man, Paul de. *Blindness and Insight: Essays in the Rhetoric
of Contemporary Criticism.* New York: Oxford UP,
1971.

Mañach y Robato, Jorge. "El *Ismaelillo,* bautismo poético."
Homenaje en memoria de José Martí y Zayas Bazán.
La Habana: Academia de la Historia de Cuba, 1953.
31-49.

—-. *Martí el apóstol.* Madrid: Espasa-Calpe, 1968.

Martí, José. *Ismaelillo: Facsímile de la edición príncipe,
Nueva York, 1882.* Madrid: Memorial José Martí,
1996.

—-. "Nuestra América." *Sus mejores páginas*. Ed. Raimundo Lazo. México: Porrúa, 1992. 87-93.

—-. *Simple Verses*. Trans. Manuel A. Tellechea. Houston: Arte Público, 1997. Trans. of *Versos sencillos*. 1891.

Morales, Ernesto Javier. *La poética de José Martí y su contexto*. Madrid: Verbum, 1994.

—-. Introduction. *Poesía completa*. By José Martí. Madrid: Alianza, 1995.

Navarro Tomás, T. *Arte del verso*. Mexico City: Colección Málaga, 1975.

Newmark, Peter. *About Translation*. Clevedon: Multilingual Matters, 1991.

Pearsall, Priscilla. *An Art Alienated from Itself: Studies in Spanish American Modernism*. Valencia: Romance Monographs, 1984.

Pérez Delgado, Guillermo Servando. "Aproximación a la poesía de Martí: el *Ismaelillo*." *Anuario de Estudios Americanos* 9 (1952): 549-76.

Picón-Garfield, Evelyn and Ivan Schulman. "*Ismaelillo* y la modernidad de la poesía futura." *Insula* 428 (1982): 5-6.

Purcell, H. D. *Cyprus*. New York: Praeger, 1969.

Randall, Elinor. *José Martí, Major Poems: A Bilingual Edition*. Ed. Philip S. Foner. New York: Holmes and Meier, 1982.

Ripoll, Carlos, ed. and trans. *José Martí: Doctrines, Maxims and Aphorisms*. New York: Dos Ríos, 2000.

—-. *José Martí: una biografía en fotos y documentos*. Coral Gables: Arenas, 1992.

Rivero, Eliana. "*Ismaelillo* de José Martí." *Areíto* 33 (1983): 37-49.

Santí, Enrico Mario. *Pensar a José Martí: Notas para un centenario*. Boulder: Society of Spanish and Spanish-American Studies, 1996.

Sardina, Ricardo R. *Martí el poeta*. Miami: Universal, 1999.

Schulman, Ivan A. Introduction. *Ismaelillo, Versos libres, Versos sencillos*. By José Martí. Madrid: Cátedra, 1990. 13-61.

Shnookal, Deborah and Mirta Muñiz. *José Martí Reader: Writings on the Americas*. New York: Ocean, 1999.

Toledo Sande, Luis. *Cesto de llamas: Biografía de José Martí*. Havana: Editorial de Ciencias Sociales, 1996.

Vitier, Cintio and Fina García Marruz. *Temas Martianos*. Havana: Biblioteca Nacional José Martí, 1969.

Wordsworth, William. "My Heart Leaps Up When I Behold." Ed. Mark Van Doren. *Selected Poetry of William Wordsworth*. New York: Modern Library, 2002. 445.

Zdenek, Joseph W. "Un estudio de la poética de *Ismaelillo* por José Martí." *Explicación de textos literarios* 4 (1975-1976): 87-91.

THE AUTHOR

José Martí (1853 – 1895), Cuban patriot, statesman, professor, and poet, dedicated his life to the cause of Cuban independence from Spain. He was first imprisoned for his revolutionary writings at age sixteen when a court martial sentenced him to hard labor and later deported him to Spain. During this first exile from Cuba, Martí obtained his doctorate in law, philosophy, and literature at the Universidad de Zaragoza, while continuing to support the Cuban separatist movement with his writings from abroad. This became a pattern of life for him. As he later moved from country to country (among them Guatemala, Mexico, Venezuela, Haiti, and the United States) and made intermittent visits to his homeland, he persisted in his feverish literary, journalistic, and political activities. His varied endeavors include the publication of a children's magazine and the foundation of the Cuban Revolutionary Party. He published his first book of poetry, *Ismaelillo*, in 1882, followed by *Versos sencillos* in 1891 (its opening poem became the song "Guantanamera," popularized by Pete Seeger) and the posthumous *Versos libres*. A novel, a play, and dozens of essays also figure among his works.

By 1894, Martí had become convinced that a popular military uprising would be the only way for Cuba to gain independence from Spain and to maintain independence from the United States. Determined to lead a successful revolution, he sailed from Florida in April 1895 with Major General Máximo Gómez Baez and a band of volunteers. The following month, Martí died in one of the first skirmishes of an insurrection that would lead to freedom from colonial Spanish rule.

Today, Martí is considered one of Cuba's most important political and intellectual historical figures, a revolutionary whose zeal and dedication helped to birth the nation, and who served as a model for revolutionaries throughout Latin America during the 20th century.

THE EDITOR AND TRANSLATOR

Tyler Fisher teaches Spanish and Latin American literature, the history of Andalusian peasant unrest, and literary translation at the University of Oxford, where he studied European Literature as a Rhodes Scholar. His original poetry, prose, and translations have appeared in numerous anthologies and journals, including *The Formalist*, *Tabourey*, *The Lyric*, and *The Pestle*.

Wings Press was founded in 1975 by Joanie Whitebird and Joseph F. Lomax, both deceased, as "an informal association of artists and cultural mythologists dedicated to the preservation of the literature of the nation of Texas." The publisher/editor since 1995, Bryce Milligan is honored to carry on and expand that mission to include the finest in American writing – meaning *all* of the Americas, without commercial considerations clouding the choice to publish or not to publish. Technically a "for profit" press, Wings receives only occasional underwriting from individuals and institutions who wish to support our vision. For this we are very grateful.

Wings Press attempts to produce multicultural books, chapbooks, CDs, DVDs and broadsides that, we hope, enlighten the human spirit and enliven the mind. Everyone ever associated with Wings has been or is a writer, and we know well that writing is a transformational art form capable of changing the world, primarily by allowing us to glimpse something of each other's souls. Good writing is innovative, insightful, and interesting. But most of all it is honest.

Likewise, Wings Press is committed to treating the planet itself as a partner. Thus the press uses as much recycled material as possible, from the paper on which the books are printed to the boxes in which they are shipped.

Associate editor Robert Bonazzi is also an old hand in the small press world. Bonazzi was the editor / publisher of Latitudes Press (1966-2000). Bonazzi and Milligan share a commitment to independent publishing and have collaborated on numerous projects over the past 25 years.

As Robert Dana wrote in *Against the Grain*, "Small press publishing is personal publishing. In essence, it's a matter of personal vision, personal taste and courage, and personal friendships." Welcome to our world.

WINGS PRESS

Colophon

This first edition of *Ismaelillo*, by José Martí, translated into English by Tyler Fisher, has been printed on 70 pound paper containing fifty percent recycled fiber. Titles and text have been set in Adobe Caslon type. All Wings Press books are designed and produced by Bryce Milligan.

Wings Press titles are distributed
to the trade by the
Independent Publishers Group
www.ipgbook.com